JN023217

DXと
DIGITAL TRANSFORMATION

境 睦
Mutsumi Sakai

鳥居 陽介
Yosuke Torii

徐 玉琴
Yuqin Xu

人的資本

税務経理協会

はじめに

　産業構造の変化や技術革新により，企業のビジネスモデルの関心が有形資産から無形資産に移行しつつある中，企業がテクノロジー（IT）を利用してビジネスセグメントを根底から変化させる動きがみられるようになってきている。

　そうした中，人材は将来的企業価値の源泉と見なされており，「ヒトの成長＝企業の成長」という考え方が強まってきた。加えて，2021年に岸田政権が提起した「新しい資本主義」の柱として，人的資本の強化についての議論が行われ，人材への投資に関して「費用としての人件費から，資産としての人的投資」への変革が進められている。さらに，日本政府による人的資本情報の開示ルールづくりは，機関投資家が投資判断で人的資本や人材戦略を重視する企業を選別する動きを後押ししている。このような背景のもと，企業の報告書において，人材への投資を価値創造に結びつけるシナリオが求められるようになってきた。

　また近年，パーパス（Purpose）という言葉が注目を集めている。パーパスは英語では一般的に「目的」を意味しているが，経営の現場では「社会での存在意義」と訳され，自社の事業と社会との関係性を重視した経営として取り入れる企業が増えている。その中で投資家が，企業活動が人材を通じて社会に与える影響を企業価値評価に反映させようという動きもある。本書ではこのようなパーパス経営を重視する企業活動に着目し分析する。また，新たな企業形態である「公益会社」も分析していく。

　人材への投資は従業員の成長やスキルアップにつながる。日本企業が多く取り入れている「メンバーシップ型雇用」のシステムのもと，仕事の高度化・非定型化で能力による生産性格差が増し，その人たちをどのように評価するかといった人事制度上の新たな課題が生じている。また，多大な恩恵を与えるデジタル化の反面，置き去りにするものもある。例えば，利便性が際立つことからDX礼賛が生じて，なんでも効率的に，機能的にできるようになるとの錯覚も与えてしまい，結果，DX時代における過労死や格差等社会問題が発生してい

る。

　本書は日本労働科学学会の有志による「DXと働き方―人的資本と企業価値創造―」研究会での多面的な議論をもとに，刊行されたものである。DXは業務の単なるデジタル化を意味するのではなく，IT技術を活用することで，組織のあり方や枠組みの再構築を促し，企業価値を向上させることである。その際，「働き方」を変えるという手順は必須であり，結果的に「人的資本」の高度化が要請されることになる。このようなコンセプトをもとに，本研究会の各メンバーは使命と熱意をもって議論を重ねて，その内容は深く充実したものになった。それらの議論を実務界に発信し，現状に調和させて，労働についての社会課題の解決に寄与することが本書の目的である。これが少しでも実現できれば望外の喜びである。

　最後に，本書籍の出版にあたり，多大なご協力をくださった株式会社税務経理協会社長大坪克行氏と同社編集部の佐藤光彦氏には大変お世話になった。この場を借りて，心より御礼申し上げたい。

2023年3月

著者を代表して　境　　　睦

鳥居　陽介

徐　　玉琴

2

目　　次

序　章

「なぜDXと人的資本」なのか

　経営の実務分野または学術分野では，過去の経営成績である財務諸表だけで
は，長い目で見た企業のレジリエンス（強じん性）を測れないという認識が広
がりつつあり，人的資本や知的財産など非財務の情報に注目が集まっている。
このような潮流の中で，人材を企業の成長の源泉と見なす経営や働き手のリス
キリング（学び直し）の重要性が高まってきている。日本では2023年３月期以
降，有価証券報告書で人材投資額や社員満足度などの情報開示が義務化され，
人材が投資家の興味関心になりつつある。こうした背景のもと，人的資本の強
化についての議論が展開されてくるにつれて，企業経営における人的資本に係
る諸問題について再検証する必要性が高まっている。

　本書は以下のような４部構成と内容を通じて人的資本経営に係る諸問題につ
いて分析・議論した上，10の対策を提案した。

　まず，第Ⅰ部では人的資本の重要性を，単に従来の理論的紹介に終わること
なく，それらの意義や限界を踏まえながら，新たな現代的視点から論じている。
第1章「人的資本と企業価値―情報開示の観点から―」では，人的資本につい
ての理論的研究を踏まえたうえで，人的資本と企業価値との関係性を明らかに
しながら，人的資本の情報開示の世界的な潮流について概説する。さらに，人
的資本の可視化の要請に伴う，有益な情報開示の内容についても検討している。
第2章「人的資本パーパスの好循環モデル」では，企業経営における「人財」
の役割を提示したうえ，パーパスと関連づけて事例紹介を通じて企業価値向上
を検討している。そして第3章「サイバネティックスからDXへ―労働環境・

1

人的資本のデジタル変容─」では労働環境・人的資本のデジタル変容について，サイバネティックスと関連して検討している。

つぎに，第Ⅱ部ではDX時代における働き方の特徴と課題について言及している。第4章「プラットホームビジネスの発展で働き方はどのように変わったのか」では，ギグワーカーに注目し，それに見る働き方の問題点や懸念されるポスト情報革命の課題について論じている。第5章「DX先進企業が引き起こした不祥事」では，スシローを運営するFOOD&LIFE COMPANIESを取り上げ，DXへの取り組みと不祥事の内容を確認し，その不祥事と人的資本の関係を考察している。第6章「ジョブ型雇用で何が変わるのか」では，DX推進過程において働き方がどのように変化していくのかを，ジョブ型雇用へのシフトという観点から考察しながら，DX人材に係る諸問題を分析している。

そして，第Ⅲ部では人的資本の重要性や人的資本投資に係る指標やそれらが企業価値向上に結びつくシナリオについて解説している。第7章「企業の非財務情報と価値創造ストーリー」では，機関投資家の環境や社会関連の議決権行使状況，企業の非財務情報開示基準に焦点をあて，近年の動向を明らかにしている。そのうえで，エーザイの統合報告書を事例に取り上げ，非財務情報の開示と価値創造ストーリーを考察している。第8章「無形資産における人的価値」では，人的資本経営が求められた背景を概観し，無形資産における人材の価値について知識創造理論を用いて説明している。そのうえ，人的資本への投資と企業価値の関係性を考察し，企業の取り組みに際しての課題を議論し，対策を論じている。

最後に第Ⅳ部ではビジネス環境の変化を踏まえたうえ，「新しい資本主義」下の働き方を検討している。また，中国の従業員ヘルスケアについても考察している。第9章「ベネフィットコーポレーション（公益企業）について」ではベネフィットコーポレーション（公益企業）とは何か，それが出てきた背景を言及している。また，アメリカにおける同企業形態の課題を事例研究のもとで分析している。そのうえ，日本における同企業形態の展開への示唆を提示している。第10章「IT人材とジョブ型労働」ではメンバーシップ型雇用とジョブ

型雇用の特徴を分析したうえ，DX時代IT人材の変容と雇用形態に関連づけて考察している。第11章「デジタル時代における中国の従業員ヘルスケアに関する一考察」ではまず，従業員ヘルスケアに関する理論的な考察を行い，次に，アメリカにおける従業員ヘルスケアを取り上げながら，デジタル時代における中国企業の従業員の身体健康とメンタルヘルスの現状と対応を分析したうえで，それらの課題について考察している。

　このように，本書は4部構成と内容を通じて人的資本に係る諸問題について，理論的に言及しながら，事例を用いて分析している。そして，これらを踏まえて終章では人的資本に関する情報開示，デジタル化と働き方，雇用システム，ヘルスケアなどの課題の解決に10の提案を行っている。

DX時代における
人的資本投資と価値創造

第1章

人的資本と企業価値[1]

―情報開示の観点から―

　中長期的な企業価値向上の観点から，経営戦略と人材戦略を連動させる「人的資本経営」の高度化に向けて，企業は経営改革に取り組む必要に迫られている。その流れの中で，国際的な枠組みで人的資本に関する情報開示への要請が高まっている。

　例えば，2018年12月にISO（International Organization for Standardization：国際標準化機構）は人的資本の情報開示のためのガイドラインである「ISO 30414」を発表した。2020年8月には，SEC（Securities and Exchange Commission：米国証券取引委員会）は米国証券法に基づく「レギュレーション S-K」を改訂すると発表し，同規定の第101項(c)を修正し，企業の情報開示に人的資本に関する状況説明を義務づけることになった。これと関連して，2021年6月には，米国の上場企業に対して人的資本の情報開示を求める法律として「Workforce Investment Disclosure Act of 2021」という法案が米国連邦議会の下院を通過した。欧州連合（EU：European Union）では2014年に，特定大規模事業・グループの非財務情報開示に関する欧州議会・理事会指令[2] が公表された。2017会計年度以降，年間平均従業員数が500人以上の大規模企業に人的資本を含む非財務情報開示を義務付けた。2021年には人的資本を含めたより詳細な情報開示ルールを定めた企業サステナビリティ報告指令（案）（Corporate Sustainability Reporting Directive：CSRD）が公表され，2022年6月に暫定合意に達した。2024年より順次適用が開始される予定で，第三者監査の義務化や開示対象企業の拡大を予定している。

　日本においても，人的資本の重要性は高まっており，2020年，経済産業省が「持続的な企業価値の向上と人的資本に関する研究会報告書（通称：人材版伊藤レポート）」を公表した。2021年には，発表された改訂コーポレートガバナンス・コードに人的資本に関する記載が盛り込まれた。2022年に「人材版伊藤レポート2.0」が公表されて，内閣官房・非財務情報可視化研究会は「人的資本可視化指針」を公開した。その指針によると「価値向上」と「リスクマネジメント」の観点から7領域19項目の開示事項の例が示されている。そして，投資家が同じ指標を用いて企業間比較するための「比較可能性」と自社固有の戦略やビジネスモデルに沿った「独自性のある取組・指標・目標」が推奨されており，両指標についてバランスがとれた情報開示が要請されている。そして2023年1月31日，「企業内容等の開示に関する内閣府令等の一部を改正する内閣府令」（改正開示府令）が公布・施行された。改正開示府令は2023年3月31日以後終了する事業年度に係る有価証券報告書等から適用される（早期適用可）。具体的には有価証券報告書及び有価証券届出書に「サステナビリティに関する考え方及び取組」の記載欄が新設された。人材育成の方針や社内環境整備の方針及び当該方針に関する指標の内容等について，必須記載事項として，サステナビリティ情報の「記載欄」の「戦略」と「指標及び目標」において記載が求められている。さらに，有価証券報告書の「従業員の状況」に関して，女性管理職比率や男性育児休業取得率，男女の賃金格差の記載が新たに義務付けられた。

　以上のように人的資本に関する情報開示の流れは世界的に進展しており，そして，新設された国際基準は今後，人材戦略の指標となり，人的資本価値の向上による企業価値創造への意識を加速化させていく。

　本章では，人的資本と企業価値との関係性を明らかにしながら，人的資本の情報開示の世界的な潮流について概説する。さらに，人的資本の可視化の要請に伴う，有益な情報開示の内容について検討する。今後求められる人的資本に関する情報開示のあり方については，将来的な成長のための人的資本への投資に該当する定量的な情報を主に開示することが重要である。それを基盤に，人

的資本への投資がどのような成果を生み出し，企業価値創造につながるかのストーリーを示すことにより，投資家を含めたステークホルダーへの理解を促すことが重要である。

1　人的資本とは

　平本（2020）によると，人的資本とは何かという問いは，18世紀の英国，アダム・スミスに遡ることができ，彼は，『国富論』のなかで，仕事に用いる機械・道具，利益を生む建物，改良された土地に加えて，4つ目の「固定資本」として人の「能力」を挙げた。

　個人的な能力をある種の資本，同様に資産として扱うという概念について，1960年代頃までは広く認識されていなかったが，その頃から，経済学者がそれを自分の研究に取り入れるようになった。この背景には，人的資本の概念により，一国において生産に用いられる従来型投入要素（SNA基準によれば土地，労働，および資本）の増加と産出額の増加との間に生じている大きな差異を説明できるのではないかという見地を反映したものである[3]。

　そして，赤林（2012）は，ミンサー（Mincer 1958, 1974），シュルツ（Schultz 1960），ベッカー（Becker 1975）等の経済学者は，スミスのアイデアを「人的資本」という概念で再定義し，分析上有益なツールとして発展させたと述べている。鈴木（2004）によると，1950年代後半から経済発展と教育の関連に関心が集まり，先駆的な研究がシュルツ，ミンサーなどにより行われ，それらを総括する形で，1960年のアメリカ経済学会でのシュルツの会長レクチャーの発表があり，人的資本という全く新しい概念と方法が示されて，1960年代の"人的資本革命"につながっていった[4]。

　そして，平本（2020）は，その後，人的資本という概念が広く知られることとなったのは，1970年代以降の米国のベッカーの業績によるものと述べている。枡尾（2013）によると，ベッカーは，人を機械設備などと同様に，企業が投資を行う対象として捉えた。この場合，企業における人への投資とは企業内で行

われる教育や訓練のことである。つまり，鈴木（2004）によると，ベッカーはそれらを将来への投資と捉えて，ミクロを基礎にした理論枠組みをモデル化した。有名なこのモデルにおいては，教育・訓練を長期的に労働者の質（能力）を向上させ，所得を上昇させる投資行為と考えて，物的資本への投資と同様に，個々人は投資コストと収益を勘案しながら投資を行う[5]。

　以上のように，経済学の領域から人的資本に関して様々な研究が実施されてきた。それらを整理すると，人的資本とは，人間の持つ知識や能力ならびにスキルを資本と見なす概念と定義することができる。この場合，経済的収益が主に考慮されている。

　その一方で，人的資本投資は，健康状態の改善，個人の幸福感の向上，社会的結束の強化など，他の多くの非経済的利益ももたらしていると考えられる[6]。OECDはこれら広義の利益を認め，徐々に人的資本の定義範囲を拡大した。2011年の広義の定義では，学習と経験を通して得られた様々な技能と能力に加えて，生得的能力も含み，個人の身体的，感情的および精神的健康と同様に，やる気や行動といった側面も人的資本とみなされる[7]。

　しかしながら，企業価値と関連付けた人的資本の分析については，企業価値の測定と整合性を持たせる必要がある。そのため，主に経済的収益を考慮に入れた人的資本の概念が使用されることになり，非経済的収益は考慮に入れられないケースが多い。そこで，本論では人的資本を人間の持つ知識や能力ならびにスキルを資本と見なす概念と捉える。

2　人的資本の重要性の高まり

　人的資本が着目されるようになった背景として，企業の市場価値を創造するための重要な構成要素がモノ・カネの有形資産から無形資産へと移行している点が挙げられる。無形資産はソフトウエアなど情報化資産，研究開発などの革新的資産，ブランド資産や人材投資などの経済的競争力に分類されて，成長の鍵となる。知財関連ビジネスを手掛ける米オーシャン・トモは2020年，

S&P 500種株価指数の構成銘柄全体の時価総額のうち，特許やブランドなど無形資産が占める割合を測定し，これを公表した。無形資産の比率が1975年には17％，1985年には32％，1995年には65％と年々上昇し，2020年には米主要企業の時価総額の90％は「見えない資産」であることを明らかにした。これは2021年3月末時点の米国の時価総額ランキングのトップ5をみれば明らかで，米アルファベットのグーグル，米アップル，米フェイスブック，米アマゾン，米マイクロソフトは有形資産をほとんど保持せず，人的資本と知的財産を主体とした無形資産が企業価値創造の支柱となっている。さらに世界的に水平分業が進展する半導体業界において存在感が際立つ米AMDと米NVIDIAはファブレスで，無形資産が急成長の源泉となっている。同じような傾向はS&Pヨーロッパ350インデックス[8]の構成銘柄でもみられ，それらの無形資産の比率は2015年の71％から2020年の74％まで上昇していた。

　さらに，第4次産業革命が2010年代に始まり，IoT（Internet of Things）およびビッグデータ，AIなどのICTがあらゆる産業に波及し，DX（Digital Transformation：デジタル・トランスフォーメーション）の実施が要請されて，人事領域においても業務効率化やタレントマネジメントを支援するHRテクノロジーが急速に普及した。

　以上のことから，DXを推進できる人材や，人工知能（AI）等の新技術を活用して新たなサービスを作り出せる人材，言い換えれば深い知見や高度なスキルを持った人材が欠かせなくなってきている。このように人的資本であるヒトの能力が企業価値創造に大きな影響を与えるようになってきており，企業の人的資本経営への転換と進化が求められている。

③　人的資本に関する情報開示

(1)　情報開示の必要性

　従来までの財務情報だけで企業価値を測定することが困難な時代を迎えている。急速な産業構造の転換が進展している中，企業価値と人的資本の関係性が

深いことが認識されるようになると，投資家からの人的資本についての情報開示への欲求は必然的に高まっていった。SECが人的資本の情報開示を上場企業に義務づけた背景には，投資家が企業の無形資産を評価しようとする動きが加速し，特許やソフトウエア等を生み出す人材を戦略的に採用，教育・育成できているかを把握したいとの考えがある。

　さらに，2008年のリーマン・ショックに端を発した世界金融危機を契機に財務諸表の数値のみで企業価値を測定することに警鐘が鳴らされ，投資家が企業価値評価の要素にESG（環境（Environment）・社会（Social）・ガバナンス（Governance））を導入する動きがはじまった。それらと密接な関係にある人的資本が，持続的な企業価値向上への取り組みの指標となってきた。ESG投資の概念の中に企業経営の持続性に対する評価も含まれており，人的資本は社会（Social）とガバナンス（Governance）に内包されると考えられる。実際に機関投資家のESG投資の評価項目の中にはすでに人的資本に関する項目が含まれているケースが多い。さらにコーポレートガバナンスの枠組みの中で経営者報酬制度のKPIにも，人的資本に関する基準が導入されるようになってきており，投資家にとって，人的資本に関する情報開示は，投資判断の重要な要素である。

　現在，企業が利用できる代表的な国際基準として，以下の3つが挙げられる[9]。

①　ISOの国際規格「ISO 30414」

②　GRI（Global Reporting Initiative）

③　SASB（Sustainability Accounting Standards Board）

　このように人的資本の情報開示についてのインフラが世界的に整備されつつある。本節では，上記の中からISO 30414と世界的に大きな影響を与えているSECによる人的資本買開示の義務づけについて概説する。

(2)　ISO 30414の概要

　HRM（Human Resource Management）の領域では，これまで各国の労働慣行，雇用システム，法制度の違いが大きく，国際的に標準化された規格が長

らく未整備だった。しかし，HRデータやHRテクノロジーの重要性が高まり，その活用が広がると，投資家からの人的資本の情報開示への要望が年々高まっていくとともに，人的資本の可視化が推進されるようになった。

そのため，ISOは，2018年12月，初の国際標準ガイドライン「ISO 30414」を公表した。これは，ISOの専門委員会「TC 260（ヒューマンリソースマネジメント）[10]」が開発したもので，あらゆる組織が，その従業員に関する人的資本の情報について定量分析するための国際的な指標として設定されたガイドラインである。ガイドラインという性質上，指標の採否，活用方法などについては企業にゆだねられており，認証基準であるISO 9001やISO 14001のように組織への要求事項はない[11]。具体的には，人的資本に関する11の領域と58のメトリック（測定基準となる指標）について情報開示のガイドラインを示した初の国際規格である（図表1-1参照）。また，大企業のみならず，中小企業向けの項目や，内部向けと外部向けの項目の区分も示されている。

図表1-1 人的資本に関する11の領域

1	コンプライアンスと倫理
2	コスト
3	ダイバーシティー
4	リーダーシップ
5	組織文化
6	組織の健全性・安全・福祉
7	生産性
8	採用，配置・異動，離職
9	スキルとケイパビリティ
10	後継者育成プラン
11	労働力の可用性

出所）ISO 30414「Human resource management — Guidelines for internal and external human capital reporting」

⑶　SECによる人的資本開示の義務づけ

　2020年8月26日，SECは米国証券法に基づく「レギュレーション S-K[12]」の改訂を発表し，11月9日には新しい規則が発効された。同規定の第101項(c)を修正し，企業の情報開示に「登録者（上場企業等）によって雇用されている人の数を含む登録者（上場企業等）の人的資本資源に関する説明，および登録者（上場企業等）が事業経営を行う上で重視する人的資本に関する施策または目的（例えば，登録者（上場企業等）の事業および労働力の性質に応じて，人材開発，人材の誘致および従業員のリテンションに対処する施策または目的など）」という一文を加えた[13]。これにより，米国の上場企業は人的資本の情報開示が義務化されることになった。そして，新しい規則は「ISO 30414」への準拠を推奨している。なお，人的資本の開示については，具体的な開示項目についての明記されない原則主義が採用されている。例としては，人材開発，人材の誘致および従業員のリテンションという3項目が示されるに留められており，何を記載し何を記載しないかは，企業自身の判断に委ねられている。

　その後，米証券取引委員会（SEC）のゲーリー・ゲンスラー委員長は2022年5月13日，公開企業に対し，人的資本である従業員に関する様々なデータの開示を義務づけるルールを提案する方針を明らかにした。具体的には，従業員のダイバーシティー，パートタイム勤務とフルタイム勤務の割合，離職率などの情報の開示が想定されている[14]。そして，2021年6月には，「Workforce Investment Disclosure Act of 2021」という法案が米国連邦議会の下院を通過した。これは，現状の人的資本に関する情報開示では，投資家が対象企業の人的資本の安全性やスキルへの投資を評価するには不十分であるとの認識のもとで立案されている。新法案では，以下の図表1－2で示されるように，開示項目を(A)から(H)まで定義し，上場企業に義務づける予定の内容になっている。

図表1−2　Workforce Investment Disclosure Act of 2021の開示項目案

(A)	従業上の地位についての動態情報（正規社員数，非正規社員数等の情報）
(B)	労働者の定着率に関する情報（離職率やリテンション率に関する情報等）
(C)	労働者の構成（ダイバーシティーに関する情報等）
(D)	労働者のスキルとケイパビリティ（労働者への教育・訓練の情報等）
(E)	労働者の安全，健康，幸福
(F)	労働者への報酬とインセンティブ
(G)	リクルーティングとニーズ（新規雇用誘発数，新規雇用の分類等の情報）
(H)	労働者のエンゲージメントと生産性

出所）　CONGRESS. GOV [15]

4 人的資本に関する情報開示の質の向上

(1) 人的資本開示の要諦

　人的資本に関する情報開示を強化すると，企業に様々なメリットをもたらすといういくつかの実証分析が存在する。例えば，S&P 500社のなかで人的資本の総費用を開示している企業パフォーマンスは，開示していない企業よりも高いことや，FTSE 100社において主に定量的な情報を開示している企業の従業員のパフォーマンスを示すROIT（Return on Invested Talent）は，開示していない企業よりもほぼ3倍以上になるという実証結果がある[16]。その中で注目されるのは，ナラティブ志向の人的資本の開示よりも定量的な指標開示の方がより効果的なことである。これは投資家が企業価値評価を実施するにあたって，人件費等の客観的な数値を重要視していることを示唆している。

　米国において，現状の人的資本に関する情報開示では企業の真正価値を測定することが困難であるとの意見も多い。重要な点は，開示情報の一貫性，比較可能性，信頼性である[17]。2022年6月に人的資本会計ディスクロージャーに関するワーキンググループ（The Working Group on Human Capital Accounting Disclosure）は，SECに対して投資家の人的資本への評価に資するような開示

内容の高度化について請願書を提出した。これは，Honigsberg&Rajgopal（2022）での分析と考察をもとに作成されている。それらに依拠しながら，本節では今後の人的資本の開示内容の高度化について検討する。

　請願書は，人的資本に関する情報開示の背景として，無形資産が企業価値の多くの部分を左右する時代において，現状の会計ルールがその流れに追い付いていないこと，さらに米国においては，赤字企業が上場企業の50％以上を占めるようになった点を指摘している。後者について，ベンチャー企業のように創業してからの年数が比較的短い成長企業の割合が高い。この場合，一例として，それらの企業価値評価を行う際に，PERは使用できない。つまり，現行の会計基準では，人的資本が企業価値の多くの部分を創造しているという事実を反映できないことが大きな問題となっている。

　以上のような問題意識をもとに，人的資本に対する支出が保守的な性質の費用なのか，将来のための投資費用なのかを投資家が判別できるよう，人的資本会計ディスクロージャーに関するワーキンググループによって以下の3つの提言がSECに対してなされている。第一に経営者は，Form 10-KのMD&A（Management Discussion&Analysis）で，人件費のうちの企業成長のための投資割合とその理由について検討し，開示すべきである。第二に，人件費は会計上費用として計上されるが，投資家が適正な形で企業価値評価ができるように，それを，R&Dの資本化と同等な形で取り扱うべきである。第三に，米国FASAC（Financial Accounting Standards Advisory Council）での近年のアジェンダを見直し，IFRSとの整合性を保ちながら，投資家がより多くの企業価値評価の判断材料を得られるように，損益計算書の人件費に関する表示科目を細分化し開示すべきである。

⑵　求められる開示指標

　重要なことは具体的にどのような指標を開示するかという点である。これは，客観性のある指標で，数値による開示は投資家が望むものである。例えば，HCM Coalition[18]（Human Capital Management Coalition）は，従業員数，総人

件費，離職率，人材の多様性の4つのファンダメンタルな指標の開示を推奨している。

　そして，人的資本会計ディスクロージャーに関するワーキンググループは図表1－3のような人的資本に関する情報開示案を提案している。記載方法をひな形化することによって，開示漏れがないように，ファンダメンタルな指標が網羅性を担保して開示されるようになっている。

図表1－3　人的資本に関する指標の開示表

人的資本の開示			
	正規従業員	パートタイム従業員	有期（臨時）雇用者
平均勤続年数			
離職率			
従業員数			
カテゴリー別人件費			
給与			
ボーナス			
年金			
ストック・アワーズ			
オプション・アワーズ			
非株式インセンティブ報酬			
年金・繰越報酬			
健康保険			
研修			
その他			

出所）　The Working Group on Human Capital Accounting Disclosure（2020），p.6

(3)　開示内容の高度化と人的資本の資産計上

　図表1－3の人的資本の開示項目は，投資家が企業価値評価を実施するうえで必要最低限なものであり，さらなる詳細な情報開示が必要となる。具体的に人的資本に対する支出が保守的な性質の費用なのか，教育訓練費などのように

将来成長のための投資なのかを投資家が判別できるような材料を与える情報が必要である。ここで問題になるのは，人的資本を貸借対照表上の資産として計上可能かどうかである。資産計上ができれば，人的資本の可視化が達成されて，その資本支出化により，投資家による企業価値評価モデルの精度が高まっていく。

　その点について，大沢（2021）は，企業の資産として会計上認識されるためには「経済的便益を生み出す潜在能力がある経済的資源」であって，かつそれが企業に支配されている必要があるとの認識のもと人的資本が貸借対照表上に資産計上できるか検討している。具体的には，研修や教育により従業員が人的資本を蓄積したと仮定し，物理的な実態はないが便益をもたらすという点で類似性を持ち，一般に資産計上が可能な特許権と比較を行っている。結論としては，企業による処分可能性の要件を満たしていない点で，人的資本の資産の計上は困難であることを導き出している。

　島永（2021）は，人的資本が貸借対照表上で認識されてこなかった理由として，主に人的資本に対する支配の点から，資産の認識基準を満たしていないこと，人的資本について信頼性のある測定値を入手できない点を指摘している。そこで，人的資本の見方を従来の「従業員の集合体説」から「人的資本説」へと大きくシフトさせて，資産の認識要件の１つである「支配の要件」を大きく緩和する必要性を提示している。さらに，人的資本または人的資本資源に関する測定の信頼性のある評価手法の開発・実践，加えて人的資本に関するサステナビリティ会計を整備することによって，財務会計基準とサステナビリティ会計を包摂した包括的企業報告システムの下で，理想形としての人的資本の会計システムの構築が期待されると主張している[19]。

　池田（2021）は，プロサッカーチームの事例を示しながら，プロスポーツ組織においては雇用主との契約は確定的であり，人的資源のオンバランスが可能であることを明らかにした。これにより，通常の一般事業会社における雇用契約においては，経済的所有権の概念とリース使用権のスキームを援用して，オンバランス化の合理的適合性が論証されたと述べている。

　以上のように人的資本の資産計上は現時点で困難ではあるが，プロスポーツ組織において実施されていることからも，一般事業に対しても状況によっては適用できる可能性を示唆するものである。それを可能にするためには，島永（2022）が主張するように，人的資本の会計は，認識・測定・開示を一体として捉え，それに固有の論理体系を伴った会計システムの構築を進める必要がある[20]。

(4)　人件費の細分化とその効果

　人的資本の資産計上の可能性について述べたが，現行の会計ルールでは人的資本の資産化は認められていない。そこで企業は，人的資本の価値評価につながる，以下のような情報開示を意識する必要がある。

　現行の会計基準に則った上，企業は損益計算書と別途で，MD&A（Management Discussion&Analysis）において人件費開示を推進することである。具体的に第一段階として，製造原価と販売費及び一般管理費の中に含まれている人件費を明らかにして，給与・賞与，各種社会保障費の企業負担分，教育研修費などの総額を総人件費として開示する。そして，人件費を細分化させながら開示することが第二段階となる。具体的に教育研修費は人への投資活動の性質を帯びており，設備投資額や研究開発費と同様に，開示することは投資家にとっても有益な情報となる。さらに，総人件費のうち企業成長のための投資の割合とその理由について検討した点を，説明することが重要である。

　以上のような人的資本の開示は，投資家による企業価値評価の質を高めることにより，人的資本企業の真正価値を導き出すことになる。そしてヒューマンリソースマネジメントを高度化させる点においても，その情報は寄与する。つまり人的資本に関する情報は財務会計と管理会計の両面で利用可能であり，経営者の意思決定の精度を高める。さらに，人的資本の可視化は公正な評価による組織のレピュテーション強化，従業員のモラル向上，安全と品質の向上などを促進し，投資家や顧客からの信頼性を向上させるのである。

【脚　注】

1) 本章は，境（2021）を大幅に加筆・修正したものである。

2) Directiv 2014/95/EU of the European Parliament and of the Council of 22 October 2014 amending Directive 2013/34/EU as regards disclosure of non-financial and diversity information by certain large undertakings and groups Text with EEA relevance.

3) United Nations Economic Commission for Europe（2016），pp. 8 - 9.

4) 鈴木宏昌（2004），30 - 31ページ。

5) 鈴木（2004），350ページ。

6) United Nations Economic Commission for Europe（2016），p. 9.

7) 同上，9ページ。

8) S&Pヨーロッパ350インデックスは，米S&P社が提供するヨーロッパの株式の株価インデックスである。

9) 田中（2022），39 - 40ページ。

10) ISOで人的資本関連の国際規格を検討している専門委員会「TC 260」のメンバーが中心となってISO 30414を開発した。彼らは「Human Capital Impact」という組織を立ち上げ，ISO規格の普及に努めており，第三者認証のスタンダードや審査内容の整合性についても併せて議論している。

11) 宮地（2021），2ページ。

12) レギュレーションS-K（Regulation S-K）は財務諸表に含まれない非財務情報の開示について規定する規則であり，1977年12月に設定された。このRegulation S-Kは，証券法1933（Securities Act of 1933）に基づく届出書（発行開示書類）と証券取引法1934（Securities Exchange Act of 1934）に基づく届出書（継続開示書類）のそれぞれが規定する開示要請事項の重複を調整することを目的として制定されたものである。

13) 第101項(c)の中に追加された原文は以下の通りである。"(ii) A description of the registrant's human capital resources, including the number of persons employed by the registrant, and any human capital measures or objectives that the registrant focuses on in managing the business（such as, depending on the nature of the registrant's business and workforce, measures or objectives that address the development, attraction and retention of personnel）."

14) ロイター（2021）　https://jp.reuters.com/article/usa-sec-disclosure-idJPKBN 2CV 0IA（アクセス日2021年7月28日）。

15) CONGRESS.GOV 2021年5月25日　https://www.congress.gov/bill/117th-congress/senate-bill/1815/text?r=29&s=1（2021年8月11日アクセス）。

16) 詳しくは，Human Capital Management Coalition（2021），p. 10を参照のこと

17) Honigsberg & Rajgopal（2022），p. 1.

18) UAW Retiree Medical Benefits Trust，UAW退職者医療保険基金）を中心とした9つの機関投資家によって設立された団体で，運用資産総額8兆米ドル，37の機関投資家が加盟している。加盟機関は，投資先企業に対する協働エンゲージメントを

通じて人的資本に関わる情報の開示や取締役による人的資本管理の推進を求めている。

19)　島永（2022），296－297ページ。
20)　島永（2022），297ページ。

（参考文献）

赤林英夫（2012）「人的資本理論」『日本労働研究雑誌』No. 621，8－11ページ。

アダム・スミス（玉野井他訳）（1980）『国富論』中央公論新社。

池田安生（2020）「人的資源財務会計—プロスポーツ組織における事例から—」『横浜社会科学研究』24巻4号，15－24ページ。

大沢泰男（2021）「企業に人的資本の開示が求められている理由〜企業価値の向上につながる人的資本の見極めが必要に〜」『SOMPO未来研トピックス』Vol. 26，SOMPO未来研究所，1－8ページ。

大塚葉（2021）「今さら聞けない人的資本の情報開示，ポイントと課題を一挙に解説」Human Capital Online, 日経BP, https://project.nikkeibp.co.jp/HumanCapital/atcl/column/00015/021200005/（2021年8月7日アクセス）。

一般社団法人日本テレワーク協会（2021）「新展開を迎えた働き方改革・テレワーク推進　〜コロナ下における課題と取組〜」, https://japan-telework.or.jp/wordpress/wp-content/uploads/2021/06/2020hatarakikatanomirai_project_report.pdf（2021年7月15日アクセス）。

神代和欣（2012）「労働経済学」『日本労働研究雑誌』No. 621，2－7ページ。

金融庁（2023）「企業内容等の開示に関する内閣府令」等の改正案に対するパブリックコメントの結果等について」 https://www.fsa.go.jp/news/r4/sonota/20230131/20230131.html

経済産業省（2020）「持続的な企業価値の向上と人的資本に関する研究会　報告書〜人材版伊藤レポート〜」, https://www.meti.go.jp/shingikai/economy/kigyo_kachi_kojo/pdf/20200930_1.pdf（2021年7月24日アクセス）。

経済産業省（2022）「人的資本経営の実現に向けた検討会　報告書〜人材版伊藤レポート2.0〜」 https://www.meti.go.jp/press/2022/05/20220513001/20220513001.html

経済産業省　非財務情報可視化研究会（2022）「人的資本可視化指針」

境睦（2021）「労働科学の課題—with&afterコロナを踏まえて人的資本と企業価値−情報開示の観点から—」『年報日本労働科学学会』創刊号，30－43ページ。

CSRデザイン環境投資顧問株式会社（2019）「ESG　開示法規制及び関連ガイドライン（米国・カナダ）に関する調査報告」環境省委託調査. http://greenfinanceportal.env.go.jp/pdf/Disclosure_US_1.pdf（2021年8月22日アクセス）。

島永和幸（2022）『人的資本の会計—認識・測定・開示—』同文舘出版。

鈴木宏昌（2004）「人的投資理論と労働経済学—文献サーベイを中心として—」『早稲田商学』No. 401，347－362ページ。

近兼浩嗣（2020）「「解説」ニューヨーク証券取引委員会（SEC）人的資本に関する開

示義務化」一般社団法人 人事資格認定機構 Human Resource Accreditation Institute, https://hr-ai.org/new-column/selva 1 /（2021年 6 月15日アクセス）。

田中里枝（2022）「人的資本の情報開示に関する国内外動向～海外動向を踏まえた日本の議論との対比～」『日経研月報』2022. 10，38 - 45ページ。

枅尾安伸（2013）「人的資本論における理論的課題と労働過程変革の歴史理論」『追手門経営論集』Vol. 19，No. 1，151 - 163ページ。

日本取引所グループ（2021）「コーポレートガバナンス・コード～会社の持続的な成長と中長期的な企業価値の向上のために～」，https://www.jpx.co.jp/equities/listing/cg/index.html（2021年 7 月21日アクセス）。

パラれる（2021）「人的資本の情報開示」の世界情勢と「ISO 30414」出版に伴う日本企業の対策と未来」cornerinc，https://www.corner-inc.co.jp/media/c 0097 /（2021年 8 月10日アクセス）。

平沢真一（2020）「人的資本の情報開示，ついに義務化！　米SECが 8 月末に発表」Human Capital Online，日経BP，https://project.nikkeibp.co.jp/HumanCapital/atcl/column/00008/100700001 /（2021年 8 月 3 日アクセス）。

平沢真一（2021a）「ISO 30414認証を取得！　ドイツ銀行の最新HRリポートを詳解(1)」Human Capital Online，日経BP，https://project.nikkeibp.co.jp/HumanCapital/atcl/column/ 00008/ 033100015 /（2021年 8 月 4 日アクセス）。

平沢真一（2021b）「人的資本の情報開示に大きな動き　ISO 30414への注目高まる」Human Capital Online，日経BP，https://project.nikkeibp.co.jp/HumanCapital/atcl/column/ 00008/ 081600026 /（2021年 8 月 4 日アクセス）。

平本宏幸（2020）「タレントマネジメントの潮流と展望（中編）～ヒューマンキャピタルマネジメント再考～」ウイリス・タワーズワトソン人事コンサルティングニュースレター，https://www.willistowerswatson.com/ja-JP/Insights/ 2020/ 08/hcb-nl-august-hiramoto（2021年 8 月 8 日アクセス）。

ブラックロック・ジャパン（2019／2020）「スチュワードシップ・レポート」，https://www.blackrock.com/jp/individual/ja/literature/publication/blkj-stewardship-code-overview-self-assessment- 20192020-jp-ja.pdf（2021年 8 月25日アクセス）。

保坂駿介（2021）「企業は人」が本当に問われ始めた～人的資本の情報開示を巡る潮流とISO　30414～」『海外投融資』2021年 7 月号，7 - 12ページ。

宮地裕太郎（2021）「企業による人的資本投資と可視化の重要性～人的資本の投資効果を可視化する仕組みが効果的～」『SOMPO未来研トピックス』Vol. 37，SOMPO未来研究所，1 - 5 ページ。

ロイター（2021）「米SEC委員長，公開企業の従業員情報の開示ルール計画」，https://jp.reuters.com/article/usa-sec-disclosure-idJPKBN 2CV 0IA（2021年 7 月28日アクセス）。

溝上憲文（2020）「日本企業の経営者が低学歴ばかりになってしまった根本的理由」President Online，https://president.jp/articles/-/ 35664?page＝1（9 月 1 日アクセス）。

（外国語文献）

Becker, G.（1975）*Human Capital.* 2nd Ed. University of Chicago Press.

Becker, G.（1991）*A Treatise on the Family.* Enlarged Ed. Harvard University Press.

CONGRESS.GOV（2021）"S. 1815-Workforce Investment Disclosure Act of 2021," https://www.congress.gov/bill/117th-congress/senate-bill/1815/text?r=29&s=1（2021年 8 月11日アクセス）。

Deutsche Bank（2021）"Human Resources Report 2020," https://www.db.com/who-we-are/our-culture/hr-report/（2021年 8 月 7 日アクセス）。

Human Capital Management Coalition（2021）"The Investor-First Approach to Human Capital Reporting Balancing Fundamental Metrics and Tailored Principles for Optimal Analysis and Dicision-Making"

International Organization for Standardization（2018）"ISO 30414：2018 Human resource management — Guidelines for internal and external human capital reporting," https://www.iso.org/standard/69338.html（2021年 8 月10日アクセス）。

Engel. M.（2021）"New Human Capital Disclosure Requirements," *Harvard Law School Forum on Corporate Governance,* https://corpgov.law.harvard.edu/2021/02/06/new-human-capital-disclosure-requirements/（2021年 8 月23日アクセス）。

Honigsberg and Rajgopal（2022）Wage Wars："The Battle over Human Capital Accounting," *Harvard Business Law Review*（forthcoming 2022）.

Mincer, J.（1958）"Investment in Human Capital and Personal Income Distribution," *Journal of Political Economy* 66, pp. 281－302.

Mincer, J.（1974）*Schooling , Experience , and Earnings.* National Bureau of Economic Research.

Ocean TOMO（2021）"Intangible Asset Market Study,", https://www.oceantomo.com/intangible-asset-market-value-study/（2021年 8 月23日アクセス）。

Katanga, J.（2021）"U. S. SEC chair planning new workforce data disclosures for public companies," REUTERS（May 15, 2021）, https://www.reuters.com/business/sustainable-business/us-sec-chair-planing-new-workforce-data-disclosures-public-companies-2021-05-13/（2021年 7 月28日アクセス）。

Schultz, T. W.（1960）"Capital Formation by Education," *Journal of Political Economy* 68, pp. 571－583.

Securities and Exchange Commission（2020）"SEC Adopts Rule Amendments to Modernize Disclosures of Business, Legal Proceedings, and Risk Factors Under Regulation S-K,", https://www.sec.gov/news/press-release/2020-192（2021年 8 月23日アクセス）。

Securities and Exchange Commission（2020）"Final Rule：Modernization of Regulation S-K Items 101, 103, and 105,", ［Release Nos. 33-10825；34-89670；File No. S7-11-19］, Aug. 26th. https://www.sec.gov/rules/final/2020/33-10825.pdf（2021年 8 月22日 アクセス）。

The Iowa Torch（2021）"Capital Formation by Education,", https://iowatorch.com/2021/

06／17／the-u-s-house-passes-two-axne-bills／（2021年7月28日アクセス）。

The Securities and Exchange Professionals Group（2021）"Human Capital Resources Reminders From the SEC,"，https://secprofessionals.org/news／407771?lang=en（2021年8月16日アクセス）。

United Nations Economic Commission for Europe（2016）"Guide on Measuring Human Capital,"，https://unece.org/fileadmin/DAM/stats/publications／2016/ECECESSTAT 20166_E.pdf（2021年8月10日アクセス）。

Wanis.D.（2021）"The Rise of Intangibles（and Fall of Earnings Quality)," Longwave Capital，https://longwavecapital.com/the-rise-of-intangibles-and-fall-of-earnings-quality/（2021年8月22日アクセス）。

WORKING GROUP ON HUMAN CAPITAL ACCOUNTING DISCLOSURE（2022）"PETITION FOR RULEMAKING,"

（新　　聞）

「インベストメント・チェーン特集——ESG情報開示，任意から強制へ，見えぬ価値，可視化探る。」『日本経済新聞』2021年5月12日朝刊32ページ。

（境　　睦）

第2章

人的資本とパーパスの好循環モデル

1　日本の人的資本は囚人のジレンマ

　日本の人的資本の現状はどうなっているのか？　米国ギャラップ社の調査によると，日本の従業員はエンゲージメントランキングにて139か国中132位であり，やる気が低いという結果が出ている。現状，熱意あふれる社員は6パーセントにとどまっている。また，企業の側も人的資本に投資をするのかというと，国際比較で見ると全然投資していないということがデータで示されている。これはなぜか？　ゲーム理論のモデルで考えてみよう。プレーヤーを従業員と企業とする。従業員はやる気を持って働く，働かないという2つの選択肢があり，対して企業は従業員に積極的に投資する，投資しないという2つの選択肢がある。上記のデータからは，現状の日本企業は積極的に従業員に投資しない，従業員はやる気を持てず働いているという右下の悪い縮小均衡，囚人のジレンマに陥っている。この結果，生産性が低く，賃金水準も低く止まってしまっている。

図表2－1　人的資本のゲーム理論

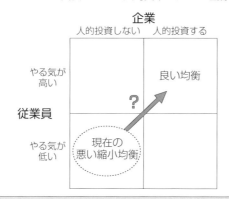

どうして，日本企業は現在の悪い均衡点にとどまっているのか？

出所）　筆者作成。

　では，どうやって従業員のやる気を高め，また企業も積極的に人的資本に投資する右上のような良い均衡に移行できるのか？

② 企業経営における信頼の重要性

　人的資本投資のゲーム理論で悪い縮小均衡にとどまっている理由は，私の仮説は，従業員から企業（企業リーダー）に対する信頼が低い点ではないかと考えている。従業員からの信頼が低いと，自分のスキルに投資しない。企業も人的資本に投資しない。その結果，生産性が低くなる。この事から信頼が非常に重要な役割を果たしていると考えられる。従業員自体が本当に企業を信頼しているのか？　企業リーダーを信頼しているのか？　という点が人的資本において，マテリアルな情報ではないかと考える。また，信頼の役割は経済学では様々な議論がされている。信頼とはそもそも何なのか？　わかりやすく言うと，相手が善意に基づいた行動を行っており，こちらの不利益になる行動は取らないはずであると信じ，他者の行動の影響を受け入れることになる。例えば，企業で言えば，企業内でしか通用しないスキルに投資しても，解雇されるリスク

がなく，社内で十分に評価されるのであれば，従業員は安心して企業内スキルに投資できる。しかし，企業を信頼できない，解雇されるリスクがあると，企業内スキルに投資することを嫌がり，もっと他社でも評価される汎用的なスキルに投資したがるわけである。汎用的なスキルではない企業スキルに投資しても，もしそれを信じて企業内スキルに投資してクビになると転職しようと思ってもできないという形で追い込まれる。そうなると従業員からすると，この企業を信頼して損した，この企業リーダーを信頼したがゆえに裏切られたとなってしまう訳である。

③　信頼を醸成するプラス面とマイナス面

　企業にとって従業員からの信頼を醸成することのプラス面はたくさんある。これまで様々な調査で，信頼されている企業群と信頼されていない企業群では，売上，コストに有意に差があることが判明している。また，信頼されている企業群は社員が一生懸命働いてくれるので，不祥事もなく，訴訟費用や罰金なども減るであろう。また，投資家からも企業の信頼が高まることが企業価値にも繋がるというデータも出ている。逆に，信頼を失うことのマイナスはたくさんある。最近では，自動車会社が安全性のデータを7年間改ざんしていましたことが露呈し，株価は3割程下落した。

④　企業は従業員からの信頼をどうマネジメントできるのか？

　では，次に，どうすれば企業は従業員からの信頼をマネジメントできるかを考えていく。ハーバードビジネススクールのサンドラ・サッチャー教授は，人が企業を信頼するかどうかを決める要素として以下の4つの要因をあげている。

図表 2 － 2　　人が企業を信頼するかどうかを決める要素は何か？

1．コンピタンス（能力）＝自分が期待する製品やサービスを提供しているか？

2．動機＝自社の利益だけではなく，社会全体の利益のために事業を行っているか？

3．手段＝公正な行動をとっているか？

4．影響（インパクト）＝社会によい影響を与えているか？

出所）　*Sandra J. Sucher,*（2021）*The Power of Trust : How Companies Build It, Lose It, Regain It*

　以上のコンピタンス（能力），動機，手段，影響（インパクト）が高まると，ステークホルダーからの企業の信頼が高まるということを研究で裏付けている。

5　信頼の波及プロセス

　もう1つ重要な点は，実は，信頼の波及のメカニズムである。信頼の波及は外から内に信頼が波及するのではなく，内から外に信頼は波及することである。要は，まずは企業が社員に信頼されないと，お客さんなどの外部のステークホルダーからは信頼されない。この点は，人的資本経営が重要な理由になる。まずは，上司が部下から信頼されないといけない。そして，企業が部下から上司から信頼されないと，外からも信頼されないということである。この事から従業員からの信頼が得られる経営を目指さなくてはならないと言うことになる。内から信頼を得られると，従業員のやる気，自分に投資するということができるようになるので日本企業の現在の悪い均衡から良い均衡に移れるのではないかと考える。何かコミットメントを示すことによって信頼を担保することが重要になる。

6　渋沢栄一と資本主義

　ここで渋沢栄一の言葉 "信頼の4要素" を符号させてみよう。

図表2-3　信頼の4要素と渋沢栄一の言葉

信頼の4要素	渋沢栄一の言葉
コンピタンス（能力） 自分が期待する製品やサービスを提供しているか？	社会に利益をもたらすものでなければまともな事業とは言えない。
動機 自社の利益だけではなく，社会全体の利益のために事業を行っているか？	商業の真の意義は自利他利と言える。
手段 公正な行動をとっているか？	利益さえ得られれば仁義道徳は関係ないと考えるのは間違いだ。
影響（インパクト） 社会によい影響を与えているか？ 外部性を内部化しているか？	仮に一人だけ大金持ちになっても，社会の多数が貧しくなるような事業なら，その人の幸福は継続しないはずだ。 だからこそ，社会全体が豊かになる事業でなければいけないのである。

出所）　筆者作成。

　以上のように，渋沢栄一が目指していたのは信頼，信用に基づく商取引であり，信頼の資本主義であることがわかる。また，渋沢栄一は，「信用は商業道徳の最重要点であり，信用は全てに匹敵する力を持っている」とも述べている。これが渋沢栄一の目指した資本主義ではないかと思う。つまり，株主だけはなく，ステークホルダー全体から信頼，信用される資本主義ということになる。

7　パーパス再定義の動きが活発化

　現在，日本企業でパーパスを定義しよう，また，これまでの経営理念を踏まえてパーパスを再定義しようという動きが活発になっている。企業を取り巻く環境が激変している中で，自分の会社が，未来に，社会に，どのような価値を

提供していくのかということを様々な形で模索している訳である。上場企業の中でも中期経営計画にパーパスを掲げる企業が増えている。また，投資家もパーパスを重要視するようになってきている。世界最大の資産運用会社ブラックロックのCEOであるラリー・フィンク会長もパーパスの重要性を強調する。

　パーパスは，株主だけのものではなく，顧客だけのものではなく，取引先のものではなくて社会だけのものでなく，全てのステークホルダーのフォーカルポイントとして位置づけられるわけである。

図表2－4　パーパスはステークホルダー全体のもの

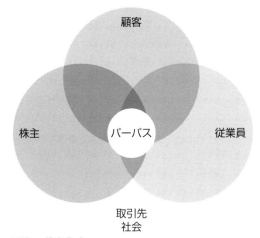

出所）　筆者作成。

　実は，信頼の4要素（コンピタンス，動機，手段，影響）はパーパスと深い関係がある。パーパスを再定義する際には自分たちはどういう能力を持っているだろうと考える。動機として自分たちの利益だけでなく，ステークホルダーのように他者のことを考える。また，手段では，正しい手段を持ってパーパスに繋げていくかを考え，パーパスによってどのように社会に良い影響（インパクト）を与えていくのかということを考えることになる。このように関係していくのでパーパスを定義するということは，ステークホルダー全体の信頼を高めることを意味しているわけである。

図表２－５　信頼の４要素とパーパスの関係

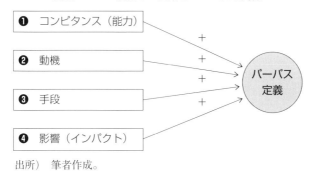

出所）　筆者作成。

8 パーパスと人的資本の好循環モデルとは？

　近年，日本企業の中でも，ソニー，丸井，味の素，オムロン，ユニ・チャーム，損保ホールディングスがパーパスの再定義を行っている。また，これらの企業がパーパス再定義によって業績が拡大している点は象徴的である。パーパスを再定義することが，どのように企業業績の拡大につながるのか，また，どのようなメカニズムがあるのかを考えてみる必要がある。

　これらのパーパスを重視する企業には，以下の７つが共通点として挙げられる。

1　ステークホルダー資本主義を標榜している

2　パーパスを再定義し，明文化して業績が好転している

3　パーパスの進捗を非財務指標（KPI）で計測している

4　パーパスと人を核にして戦略を実行している

5　従業員のエンゲージメントを重視して計測している

6　社員の意識，業務とパーパスを結びつけるようにしている

7　リーダーは組織全体のパーパスを浸透させるともに，社員の個人的動機とパーパスをつなげる手助けをしている

(1)　事例：味の素の人的資本とパーパスの好循環モデル

　味の素がこれまでの企業価値を以下のように再定義している。

図表 2 − 6　企業価値を再定義

顧客価値創出に対する従業員のエンゲージメント向上が経済価値を生み，経済価値が従業員に還元され，さらにエンゲージメントを高めるサイクルを企業価値と再定義します。これにより，ASV経営を目的として，全ての従業員が一丸となって企業価値を高めていきます。

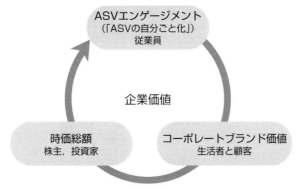

出所）　味の素グループ統合報告書 2020。

　味の素は，ステークホルダーの価値が同期化するという形で企業価値を再定義している。まず企業価値を考える際に，従業員を起点に考える。そして従業員，パートナーのエンゲージメントが高まることで，次に，生活者（顧客）とビジネス顧客が満足し，価値が高まるだろう。そして，中長期的には株主も企業価値が上がっていくだろうという順番で価値が同期化する企業価値を再定義している。全てのステークホルダーの価値向上が同期化していくというのがそれぞれの時間軸が違うので，それを中長期的に皆さんも見出せるようなものを作っていくように企業価値を再定義している。このように，味の素が新しい企業価値を考える際に重要な点として，株主の時価総額だけを考えるのではなく，第一に，ステークホルダー全体の価値を考える。次いで第二に，ステークホルダーの価値の生み出され方には順番があり，従業員が最初の起点になる。そし

て，第三に，関心や時間軸が異なるステークホルダー全体の価値を高める。その上でそれぞれの価値を同期化していく企業経営を行うことを目指している。

(2)　事例：SOMPOホールディングス人的資本とパーパスの好循環モデル

企業がパーパスを明確にして，聞こえの良いフレーズを作っても社員が腹落ちして，社員の行動が変容しない限りは実際には企業価値の向上にも結びつかない。この点で，SOMPOホールディングスは社員個人のマイパーパスと組織全体のパーパスを結びつける取り組みを積極的に行っている。CEO自らがマイパーパスの重要性を語るオンラインミーティングは，21年度では国内社員の６分の１に当たる約１万人が参加した。目的は，パーパスの自分ごと化の推進であり，それが社員の挑戦を後押しし，損害保険を核とする現在の事業領域を拡張するイノベーションにつながることが期待されている。

図表２－７　SOMPOの人的資本とパーパスの好循環モデル

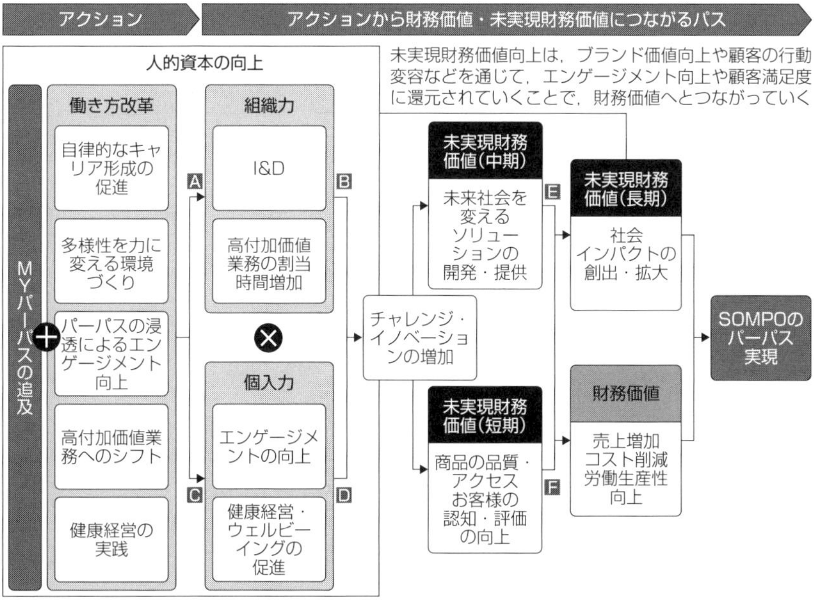

出所）　SOMPOホールディングス統合報告書 2020。

　SOMPOホールディングスの人的資本とパーパスの好循環モデルは以上のようなモデルである。人的資本においては，マイパーパスと働き方改革（環境面の整備）によって，組織力と個人力がアップする。それがチャレンジイノベーションの増加を生み出している。その結果，潜在的財務価値を生み出し，SOMPOのパーパスの実現につながっていくのである。このモデルの興味深い点は，人的資本のインパクトパスを定量的に検証している点である。組織力アップのルートでは，マイパーパスに基づく対話がI&D（インクルージョン＆ダイバーシティ）を加速（相関係数0.9）し，I&Dは内発的同期に基づくチャレンジを加速（相関係数0.85）している。個人力アップルートでは，マイパーパスに基づく対話がエンゲージメントを向上させ（相関係数0.72）し，エンゲージメントは内発的同期に基づくチャレンジを加速する（相関係数0.79）。以上のように，社員のマイパーパスが明確化し人的資本が高まることにより，社員のチャレンジを促進し，それが組織のパーパスにつながるモデルを構築することが，定量的に裏付けられている。

9　ステークホルダー資本主義へのパラダイムシフト

　経営のパラダイムとして大きく考えると，20世紀の経営のパラダイムから21世紀の経営のパラダイムに大きく変わりつつある。その過程で，企業の定義は契約の束，つまりコントラクトの束が，信頼の束に変わりつつあり，パーパスがより重要になってきている訳である。そしてシグナルとして利益だけではなく，利益とともに正のインパクトを生み出し，負のインパクトを減らすということも含めて企業が評価される時代に入っている。

　パーパスを真に生きたものにできるかが働く社員がそれを自分ごとにできるかがポイントになっている。この意味で，これからの企業経営においては「パーパスと人的資本の好循環モデル」を作ることがますます重要になっている。

図表２－８　経営パラダイムの転換

	20世紀経営パラダイム	21世紀経営パラダイム
企業の目的	株主価値の最大化	価値の最大化
所有者	株主	ステークホルダー全体
重視	効率，成長	持続可能性
時間軸	短期	中・長期
企業の定義	契約の束	信頼の束
投資家との関係	短期的，市場取引	長期的な価値共創
重要なシグナル	利益	利益＋インパクト

インパクト投資の役割　＝　企業の外部性を内部化するメカニズム

出所）　筆者作成。

10 今後，日本企業に求められる人的資本とパーパスの好循環モデル

● 人的資本を考える上では表層的な情報よりも深層的な情報がより重要であり，特に，従業員が企業，企業リーダーを信頼できるかが重要なマテリアル情報であると言えよう。

● 従業員が企業を信頼できると，現在日本企業が陥っている「人的資本ゲームにおける囚人のジレンマ」から脱却することができる。

● 企業は信頼を高めるために信頼の４つの要素，能力，動機，手段，影響を見直す必要がある。パーパスを定義することはステークホルダー全体からの信頼を高めることを意味する。

● 現在，日本企業の中でもパーパスを再定義して業績を拡大している企業群がある。ただし，単にパーパスを掲げるだけでは企業業績は拡大しない。従業員が企業のパーパスを自分ごとにすることで実効性を高めることができるので，企業は「人的資本とパーパスの好循環モデル」，それに基づく新しい企業価値モデルを構築していく必要がある。

● 「人的資本とパーパスの好循環モデル」では，パーパスの組織浸透度，パーパスの自分ごと化が図られているか，そしてその結果，財務とインパクトを高めているかの両立性を示し，アウトカム指標を測定し，インパクトパス（インパクトが波及する経路）を提示していくことが必要であろう。

（参考文献）

GALLUP.（2017）　*State of the Global Workplace*

Sandra J. Sucher.（2021）　*The Power of Trust : How Companies Build It, Lose It, Regain It.*

渋沢栄一著　守屋淳訳（2010）「現代語訳　論語と算盤」ちくま新書。

味の素グループ統合報告書 2020。

SOMPOホールディングス統合報告書 2022。

（熊沢　拓）

第3章

サイバネティックスからDXへ
—労働環境・人的資本のデジタル変容—

　20世紀の2度の世界大戦を通して生まれたサイバネティックスはその本来のテーマとして，人間の中に潜むデジタルおよびメカニカルな部分とソフト的なコミュニケーションの部分に焦点が当てられている。偶然にも総合百貨店と同じ名を冠するメイシーズ財団がスポンサーとなって1946年から1953年まで毎年ニューヨークにおいて「サイバネティックス（Cybernetics）」という名の「メイシー会議」が開催された。人間とその環境の橋渡しを考えるこの会議によってサイバネティックスという言葉が社会現象に用いられるまで引き上げられた。21世紀に入りこの環境との関わりはデジタル変容としてDXに引き継がれようとしている。

　本章では，主に以下のような論点について述べる。

　第一に述べることは，サイバネティックスと呼ばれる学問領域を作り始めた著名な研究者たちが何を目指していたのかについてである。特にアメリカの神経生理学者ウォーレン・マカロックと数学的な論理回路モデルを構築したウォルター・ピッツの考えを述べる。これが基点となって初めて人間に関わることがデジタル変容として捉えられることになったことを示す。

　第二に，ジョサイヤメイシーJr財団の目指す「公衆の健康を改善する」という考え方がサイバネティックオーガニゼーションやサイバーセキュリティーなどに関わっていることを述べる。引いてはこのことが近代的な人間の技能や能力としての「人的資本」の始まりではないかと想像する。例えば，具体的にJREA日本鉄道技術協会が主催する日本鉄道サイバネティックス協議会におい

て，「移動体（車両）」と「乗客（人間）」とを繋ぐ電子カードやデジタルデータで人間を取り扱い，それが通信ネットワークを通して大型デジタル計算機につながっているシステムを考えると，初めて実用的な研究対象としてサイバネティックスの考えがここに応用されている点である。「サイバネティックス」から「DX」への具体的スタートの１つの例がここにある。

　第三においては，これまでDXがその基礎にサイバネティックスに関わるテーマがあるばかりか，その変容でもあることを述べてきたが，さらに「人的資本」がサイバネティックスオーガニゼーションから創出される資本であると考えられることである。そこで最後に，デジタル情報のいわゆる「質」すなわち数学的には情報のエントロピーと呼ばれている内容が関わっていること，さらにその問題点について述べたいと思う。

1　サイバネティックスの現代的意味

　17世紀フランスのパリにおいて，若き科学者が心血を注いで開発した計算機械がある。ブレーズ・パスカルと彼が雇っていた職工によって作られた計算機械（パスカリーヌ）である[1]。パスカルがなぜこのような機械の製作に心血を注いだのかは，通説には徴税官であった父親を助けるためと言われている。しかし，それだけではないように思う。なぜなら，当時パスカルは同時期に真空の存在についてアリステレス以来の考えに反するような極めて大胆な思索を行っている。そのために数多くの実験装置を作り，また実際に親戚である叔父フロラン・ペリエに計測の依頼なども行っている。いわゆる世の中に「無」という状態が存在するということを思索し，その延長線上に現代人が知る微積分学の原理に通じる思考を行っているのである。人間の思考の一部を機械で置き換えることができるということ，人間の思考に近い計算機械を作ろうとする意思は現代人と共通する思考である。既に彼にとっては極めて必然であったように思われる。

　20世紀に入り，1953年に脳の中の神経細胞が人間の意識や創造に重要な役割

を担っていると考えられるようになった。このことは思考の機械化に比べると最近の発見である。サイバネティックスと総称される領域に関わる多くの研究者たちは意識の底流に，また無意識的に常にこのことを念頭に置いているように思う。そのきっかけはウォーレン・マカロックとウォルター・ピッツが神経細胞の主要な機能を論理回路としてモデル化したことである。真核細胞としての神経細胞はサイトプラズマにおける生化学的複雑なネットワークの化学連鎖反応を持っているが，無限の反応回路ではなく複雑ではあるが有限の反応回路である。また，脳の神経細胞は人間の全体の発生，代謝，再生，消滅の反応回路の複雑さに比べれば，それら無限の複雑さに比べれば比較的単純な論理反応回路モデルである。マカロックとピッツが提案しているそのメカニズムは神経細胞の情報処理機能の原理を最もよくモデル化しているものと考えられる。ここで重要な点はその基本的モデルにおいて入出力はデジタルであるが，内部にはパラメータとしてのアナログが混在している点である。

　アナログパラメータの混在と環境との適応可能性について初めて考察したのはイギリスの医学者ウィリアム・アシュビーであろう。アシュビーは主著「頭脳の設計　知性と生命の起源」[2] において超安定という概念を提示している。この超安定は環境の変動に適応するという意味があり，その定義の中には「連続的な変数（アナログ）」と「段階機構（デジタル）」の関係が述べられている。特にアシュビーはこのような機械を「思考の代わりをする機械」と呼んでいる。またわかりやすく「アナログ」計算機と呼んでいる。サイバネティックスではマカロックとピッツが神経細胞のモデルとして励起と非励起を論理回路に力点をおいてモデル化しているが，同時にそこに「アナログ」計算機としての思考回路を組み込んで環境変化に適応する機構を導入しているのである。この事は現代の人工知能研究とデジタル・トランスフォーメーションを進めるに当たって欠落している論点であるように思う。将来における「思考する機械」には，さらなる検討を必要としている点であろう。大規模な系になることによって「アナログ」を近似していくという現在の手法では，その細部を見ると「アナログ」から抜け落ちた多くの情報が取り残されている。最新の量子コンピュー

ターにおいてはその一部を雑音として取り扱っているが，むしろ雑音であるがために排除しようと考えている。雑音は思考の中の創造する機構として十分必要になる要素ではないだろうか。現在のデジタル計算機の構造にはこの点が欠落していると言えよう。将来においてもこのようなアナログ要素と雑音を無視した機構で進むのであれば，現在の計算機と変わらない限界があるものと思う。たとえ量子ビットと超並列の高速化を基本としている量子力学的な論理回路においても，未来の「思考する機械」には到底到達し得ないであろう。

　一方で，サイバネティックスに関する研究は現在のところ曖昧で拡散された研究状態にあると言わざる得ない。厳密で活発な研究の状態にあるわけではない。社会科学や哲学などに関わる研究が行われているが，あらためてその本質を厳密に考察することはこれからのDXを考える上で意味があるものと思う。現状，DXを支えるシステムとして大規模高速ネットワークのコンピューターシステムが構築されている状態であるが，単に計算機を用いたデータ処理にとどまらず，また「アナログ」の要素をデジタルシミュレーションで行うのではなく，直接にパラメータとして導入する手法について検討する必要があるものと思う。

② メイシー会議とDX

　1951年に開催された会議の演題の中にベル研究所に所属する気鋭の研究者クロード・シャノンの研究発表がある[3]。彼はまだ30代，数年前に発表したリレーのオン・オフによる論理回路の応用研究で注目を集めていた。この年メイシーサイバネティックス会議に召喚され，迷路の問題を解く機械を発表している。この機械はパスカリーヌのような計算をする機械ではなく人間のように迷路問題を解く機械である。2方向のX軸，Y軸に動くサーボモータで試行錯誤する知能的機械を展示して自分の考えを具体的に発表している。機械が人間的ふるまいをすることを具体的に示しているわけである。後に情報について数学的な定式化を行い現在の情報社会の重要な基礎を築いたが，その理論の源泉に

は大変具体的なサイバネティックスの原理が内包されていることがわかる。彼が提示した情報理論にはデジタル・トランスフォーメーションに繋がるサイバネティックスの考えが底流として流れている。当時まだ真空管の応用としてアナログ特性を主に考えられていた中で，真空管のオン・オフ特性を用いたデジタル論理回路への道はまだ始まったばかりである。1948 年トランジスタが発明され，このデジタル論理回路の道は加速度的に急速に発展したと言えよう。集積回路に繋がるトランジスタは主に電子の流れや特性を制御しているが，現在のところ 1 クーロン当たりおよそ 10 の 18 乗個のオーダーであり，大量の電子数を取扱っている。論理回路におけるオン・オフ特性のみを考えると一個で済むわけであるが，現在の技術では大量の電子数を用いることしかできない。これは一個の電子を自在に制御することが困難であることに起因している。コップにボール一個を入れて 1，ボールがない状態を 0 とおいてデジタル処理することの方が遥かに簡単でることは明らかである。しかしこれが困難なことは，現在開発されている量子コンピューターの開発状況からも見てとれる。物理的状態の確率的誤差変動を考察することによって将来は不可能ではないであろう。

　クロード・シャノンが情報の理論的取り扱いを考えると同時に，サイバネティックスについても自らの考えを具体的に示していることはすでに述べた。彼が提示したものは，迷路問題を解くアナログ機械であるが，そこには①トライアンドエラー，②忘却，③フィードバックの 3 つの要素を取り上げ，人間の知能を機械化するにあたって，それらの 3 点を機械に取り込んでいる。情報理論に基づくデジタル・トランスフォーメーションを考えるとき，シャノンが既に人間の知能のダイナミックスを具体的に考えていたことはたいへん興味深い。おそらくこの点はアシュビーとも議論を交わしたのではないだろうか。

　一方，フランスの哲学者エドガール・モランの最近の著書[4] の中に興味深い論点がある。カルフォルニアのソーク生物学研究所に滞在していた頃のことが数行書かれている。ジョルジュ・フリードマンの勧めで国立化学研究センター（CNRS）の研究員に採用された後，友人のジャック・モノーの勧めでソーク生物学研究所に滞在しているのである。深い交流を持ったジャック・モ

ノーとの議論の中で，モランはアシュビーとウィーナーの研究に注目している。とりわけ情報理論の研究者ハンインツ・フォン・フェルスターを取り上げている。フェルスターの「記憶」に関わる情報理論の定式化は大変困難であり，哲学者が取り扱う内容に相応しいように思うが，DXを考える上で，現代においても再検討する必要があるのではないだろうか。記憶に関わるサイバネティックス的な「環境との循環」について，この情報の内容を数学的に定量化することは極めて困難であろう。今までの確率論に関わる情報のエントロピーだけでは捉えられない内容であるように思う。エドガール・モランの示した複雑性「あらゆる生は不確実であり，絶えず予測しなかった事に出会う。」という哲学者の言葉はこの領域にある。デジタル・トランスフィーメーションにおいても解決されない問題であることは注意しなければならない。

　1951年のメーシーサイバネティックス会議においてシャノンが発表した内容は，サイバネティックスと情報理論が深く関わっていることを暗示している。情報単位のビットの概念を用いたその後のデジタル通信理論は労働環境や社会生活のデジタル化になくてはならない存在であり，デジタル機器が広く用いられている理由でもある。しかし，サイバネティックスで取り扱われた情報の「質」についてはそのまま取り残された。情報の単位に基づくその「量」と情報の「質」はそれぞれ情報量ビットと情報エントロピーとして取り扱われている。現在この２つの概念によって社会インフラとしての通信網の設計，すなわち最適な通信網の設計がなされているのである。シャノンが迷路問題の解決にトライアンドエラーと記憶と環境からのフィードバック制御として独自の情報理論を構築していったことはたいへん興味深い点であろう。しかし，情報のいわゆる「質」についてサイバネティックスで検討された内容は依然として解決されておらず，DXの進む先に再度検討しDXの中に取り入れていかなければならない点である。

③　鉄道網におけるサイバネティックスとDX

　一般の大学理工学部教育課程科目の中には「システム工学」という科目が取り入れられている。そのきっかけは，米国で行われた大規模なアポロ宇宙計画の策定においてである。また，日本においては糸川英夫博士のロケットの研究からであると言われている。また，第二次世界大戦中のイギリスの統計学者E. S.ピアーソンが著した『大量生産管理と統計的手法』（昭和17年出版石田，北川訳）であろうと言われている。比較的新しい学問領域として取り入れられた科目である。この科目にはシステムのモデリング，最適化，管理などに関する手法が含まれている。サイバネティックスはその中で人間と環境のフィードバック循環として取り扱われている。

　具体的な例を挙げると鉄道網の交通システムがある。日本おいてはこの内容を中心とした学科も存在する。鉄道網は物だけてなく人間の輸送も含まれるシステムである。ここではサイバネティックスで考えられるような人間の労働環境と物流の配送機構が一体となっておりその全体の管理が求められている。すなわち，その管理手段としていち早くデジタル・トランスフォーメーションが行われていると考えて良いのではないだろうか。実際に鉄道関係者が組織している「日本鉄道サイバネティックス協議会」があり，移動交通網，移動機械，そしてそれを利用する乗客としての人間のまさにデジタル・トランスフォーメーションに大きく依存している例である。しかもその協議会の名称の一部に「サイバネティックス」という用語が用いていることには大きな意味がある。

　現在，駅改札の入口出口には共通の電子パスカードが用いられており，また乗車券の発券には大規模ネットワークデジタル計算システムが用いられ管理されている。さらに現在では個々人が持っている携帯スマートフォン端末に直結し，大規模なデジタル・トランスフォーメーションがなされている。この鉄道網のデジタル・トランスフォーメーションシステムの原型は他の多くの社会分野に広がっていくものと思う。もしこれが１つのデジタル・トランスフォー

メーション原型と考えると，この鉄道網での管理・運営の問題点が今後のデジタル・トランスフォーメーションでの問題点を浮き彫りにし，さらにその中で試みられ検討された解決手段が他分野の解決に多くの示唆を与えるものと思う。

4 デジタル変容における情報の「質」

　サイバネティックスメーシー会議において，クロード・シャノンは1952年と1953年の2回の会議に出席し，情報理論と迷路問題における知的振る舞いの二点について自身の考えを述べている。ベル研究所の研究員としてまだ30代の若き研究者であるが，同会議にはアシュビーも参加しており，直接，このシャノンの考えを聞いたものと思う。アシュビーはその数年前にアラン・チューリングからオートマティック・コンピューター・マシンに関する共同研究依頼に関する手紙を受け取っている。チューリングはすでに39歳になっていたはずであり，彼自身には社会的に困難な事件に巻き込まれていた。メーシー会議の議論の中でもチューリングの人工知能についての心理学的な考察は多くの注目を集めている。サイバネティックス研究者たちの一部には既に名前がよく知られていたことが伺える。

　一方シャノンはより具体的な考えに傾倒し情報の単位ビットを明確に定義すると同時に，確率論を用いた数学的な考察に進んでいる。心理学からは距離を置いていたものと思う。ベル研究所の研究者として実用につながる研究を進めいたと言えよう。現在の情報社会での情報量に関する数学的考察はシャノンの考え方で設計が行われている。しかし当時のサイバネティックスメーシー会議では言語学や心理学，またそれに関わる社会学までもがその会議の議論の中心に位置していた。そのことを考えるとシャノンから設計された情報社会にはまだ不十分な点があるのではないだろうか。例えば，言語と心理の関係は現在のデジタル・トランスフォーメーションからぬけ落ちているように思う。ただし，新しい未知の数学的手法が創出されれば，このことが解決されるだろうとは考えられない。この点はIBMワトソン研究所のデイビット・フェルリッチと同

じ考えである。有限の神経細胞の連携からできている脳の中では無限の連携を
考える必要はないし，考えるとすれば近似的性質を予想する場合に用いること
ができるだけにとどまるであろう。現在の数学手法で十分人工知能を考えるこ
とができると考える。物理化学的な構成手段がまだ未発達と言えるだけではな
いだろうか。量子技術はその進化を進めると思うが，最終的な構成手段は別に
あるように思う。生物化学的な構成手段ではないだろうかと私は考えている。

　現在，デジタルソフトウェアが文字通り「人間が身につける要素」のような
考えである。あるいは裸の王様のような状態なのかもしれない。しかし，その
「ウェア」（能力）は「人的資本」として社会生活においては不可欠な段階に
なっている。その全体の能力を付加したスタイルが人間の社会的価値あるいは
人的資本として認められつつあるわけである。このような現実を見ると1950年
代にアメリカを中心とする医学者，工学者，心理学者，社会学者が考察した未
解決の問題を改めて考えてみる必要がある。重要な点は現在デジタル・トラン
スフォーメーションと呼ばれているシステムはシャノンが示した情報理論に基
づいて設計されている点である。それは社会現象ではあるが，あくまでシャノ
ンの考えている枠から出ていない。しかし，メイシー会議ではさらに広い分野
からの検討がなされていた。その内容はこのシャノンの情報理論では取り扱え
ない内容である。特に心理学者の考えた言語に関する検討をとりこむ必要があ
ろう。例えば，アメリカ自然史博物館の文化人類学者マーガレット・ミードが
メイシー会議において示した"Experience in learning primitive languages
through the use of learning high level linguistic abstractions"には情報理論で
は履くできない概念化の仕組みについての検討がなされている。それに対しノ
バート・ウィーナーが大変興味深い質問を重ねている。今なお再考察されるべ
き問題のように思う。

　デジタル・トランスフォーメーションの理論的基礎をなす情報単位はデジタ
ルビットであるが，シャノンによって定式化された情報理論の中にはいわゆる
情報の「質」を示すようなエントロピーの概念がある。エントロピーは物理学
で用いられている物理量の1つであるが，その他に物理学には重要な物理量と

してよく知られているようにエネルギーがある。例えば，「エネルギーが減少する。」などと用いられる。しかし，この言葉には多くの誤解が含まれている。一般にエネルギーには「エネルギー恒存則」があり全体の量は一定であるから減少することはない。エネルギー全体の中のある一部のエネルギーが減少するように見えるのである。エネルギーにはその量と同時に「質」のような形態を示す量がある。この物理量をエントロピーと呼んでいる。アメリカの物理学者ウィラード・ギブスが与えた一般的な物理量である。すなわちエネルギーの総体は一定であるが，ある意味でその「質」が変わる。時間の経過とともにその「質」を示す物理量としてエントロピーが変化する。このようなことが情報の変化についても考えられる。シャノンの最も重要な発見は情報理論の中に物理学のエントロピーの概念を導入できるということを見出したことであろう。

　そのことをここでは情報単位ビットからの説明で試みてみよう。まず，N個を識別するのに，その分離する回数（ビット数Ⅰ）を考える。

$$2^{\mathrm{I}} = \mathrm{N}$$

となる。Ⅰ回分ける必要があるときⅠビット必要になる。これを規格化するために全体を１とし，その中でP（$0 < \mathrm{P} < 1$）の値を仮想すると全体の１に対する個数は１／P個になる。実は，Pを確率と想定している。その時のビット数は対数関数を用いると，

$$\mathrm{I} = \log_2(1／\mathrm{P})$$

と表現することができる。すなわち，

$$\mathrm{I} = -\log_2(\mathrm{P})$$

となる。全てのPについて平均を取ると，Pの総数は１であるので，１で割る必要はなく

$$\mathrm{H} = -\sum \mathrm{P} \cdot \log_2(\mathrm{P})$$

となる。このHがシャノンの提案した情報のエントロピーである。情報のいわゆる「質」を示していると考えられる。デジタル・トランスフォーメーションはデジタルによって情報を取り扱うが，余分なデジタルビット数を含んだ形で取り合う扱うこともあり得る。すなわち必要のないビット数で伝達してしまう

ことが起こりえる。例えば，もしここにAとBの２個を区別するのに，Aを0
としBを1として区別するならば1ビットで済むことになるが，2ビットの余
分なビット数で示すと例えば，（00）と（10）または（01）と（11）がそれぞ
れ同じことを示し，余分なビットが入っていることになる。もし必要でない
ビット数に混濁した情報が含まれてしまった場合を考えると，曖昧な結果が生
まれる可能性があることがわかるであろう。そのような情報の「質」はデジタ
ル・トランスフォーメーションにおいても考えられ，情報のエントロピーの概
念は極めて重要であることがわかる。現在のところ，このような情報の「質」
をデジタル・トランスフォーメーションにおいて明確に検討されているとは言
い難い。

　人的資本における情報については，情報のエネルギーに相当する量が関係し
ているばかりでなく，情報のエントロピーにも関わっていることは重要であろ
う。今後，デジタル・トランスフォーメーションにおいてこの情報理論におけ
るエントロピーの考えがますます重要になるように思う。したがって，もし人
的資本を数学的に取り扱おうと考える場合には，情報の「質」としてのエント
ロピーが深く関係してくるものと言わざる得ない。それによって初めて人的資
本のある面での比較が可能になる。このよう観点からも人的資本投資が客観的
にまた明瞭に比較されるべきであろう。

　現在労働環境ではデジタルネットワークとクラウドデーターベースが不可欠
となっている。この資源を有効に用いる能力が人的資本に組み入れられている。
各個人が自分に備わっているこの共通の資源をどのように取り扱うのか，すな
わちどのような手段で取り扱えるか，さらにどのくらい深くどの程度広範囲に
取り扱える能力が各個人にあるかにおいては，その情報の「質」が重要になり，
人的資本の大切な要素になってくるであろう。各個人の能力においてこのこと
を考えると，労働環境に対応する人的資本の「質」の格差は個人においてます
ます進んでくるものと思う。

（参考文献）

Nathalie Vida, Dominique Vogt；Les Machines Arithmetiques de Balise Pascal, Museum Henri-Leconq（2013）.

W. Ross Ashby：DESIGN FOR A BRAIN, Chapman and Hall（1960）（「頭脳への設計―知性と生命の起源―　訳：山田坂仁，宮本敏雄，銀林浩，橋本和美」宇野書店）

Claus Pias ed.；CYBERNETICS The MacyConferences 1946－1953（2016），diaphanes.

Edgar Morin.：Lecones d'un Siecle de vie, Denoel（2022年）（「百歳の哲学者が語る人生のこと：訳：澤田直』河出書房新社）

（小野　治）

DX時代における
働き方の特徴と課題

第4章

プラットホームビジネスの発展で働き方はどのように変わったのか

1 ギグワーカー（Gig worker）とは何か

　2022年6月1日早朝，名古屋市内の牛丼チェーン店「すき家」の店内で54歳の女性店員が倒れたままで発見された。女性は既に死亡しており，検視の結果，同日午前5時30分に倒れ，発見されるまでに3時間が経過していた。彼女の勤務形態は，いわゆるワンオペと呼ばれる「ワンマン・オペレーション」で，1つの店舗・事務所などで1人の従業員・担当者にすべての業務を行わせている状態であった。一人勤務であることから，発見が大幅に遅れたと見られている。さらに9時間にわたり休憩をとらないまま一人勤務で働いており，過労も原因と見られている。リモート管理と一人勤務が発見を遅れさせており，当時大きな社会問題となった。

　IT化，デジタル化，DX時代のリモートワークと言えば，もう1つ問題になっているのが，ギグワーカーである。コロナ感染下，多くの人が外出も出来ず在宅で過ごす中，Uber EatsやAmazon.comでもくもくと働く配達員，彼らこそがまさにギグワーカーである。Gigは，音楽領域の英語で，ライブハウスでの短い演奏セッションやクラブでの一度限りの演奏を意味するスラグ言葉gigに由来すると言われている。ギグワーカーは，プラットフォーマーを介する形で仕事を受ける就業者であり，オンデマンドの企業と正式な労働契約を結び，企業の顧客にサービスを提供する。

　プラットフォーマーを介する就業形態はギグワーカーまたはクラウドワーカーと呼ばれるが，各国で対応に違いが見られる。米国では独立業務請負人（独立請負業者，インディペンデントコントラクター，independent contractor），オンラインプラットフォーム労働者（online platform worker），契約事務所労働者（contract firm worker），オンコール労働者（on-call worker），および臨時労働者の総称を指すとされている。

　ギグワーカーは，柔軟性，自律性，タスクの多様性そして複雑さを備えているが，いくつかの問題点も指摘されている。それは，これらの仕事では一般に雇用主が「福利厚生と職場保護」をほとんど提供していないということである。

　また，職場で発生する技術開発により，1938年の公正労働基準法などの雇用規則が作成された時には想像もできなかった「従業員」および「雇用者」という法的定義が曖昧になってしまったことである。したがって，これらの制御メカニズムは，低賃金，社会的孤立，非社会的で不規則な時間の労働，過労，睡眠不足および疲弊をもたらしていると言われている[1]。

図表 4 - 1 　ギグワーカーとは何か

定　　義	プラットフォーマーを介する就業形態
特　　徴	柔軟性，自律性，タスクの多様性・複雑さ
課　　題	福利厚生と職場保護が未整備

　『日本経済新聞』によれば，ギグワーカーの人口は，米国では 5 千万人，日本では 1 千万人と言われるが，特に米国では，その労働者人口が急増しているとされている。これは，激しいインフレに伴ってサービス料金が上昇し，働き手への配分が増えているためだとされている。例えば，アメリカのウーバーテクノロジーズの各種アプリで働く人々は，2020年に比べ2021年には31％増えて500万人近くに達し，新型コロナウイルスの感染拡大前を上回って過去最多となっている。米国でライドシェアに専念する運転手は 1 時間当たり37ドル（約4,900円）を稼いでいるとされている。アメリカ調査会社によると，ウーバーの 1 回の乗車当たりの料金は2022年 4 〜 6 月に全米平均で20ドル95セントとな

り，データが確認できる2017年以降で最高を更新した。乗客から受け取るサービス料金の7割前後は運転手に配分されるため，ギグワーカーの実収入も増加している。米国の失業率は約50年ぶりの低水準で，労働市場の需給逼迫は続いている。ウーバーのアプリに運転手が集まる理由は高収入だけではない。生活費が高騰するなか，定職に就きながら副収入を得ようとする人々の動きが，ギグワーカー人気に拍車をかけているとも言われている[2]。

2　ギグワーカー登場の背景

　ギグワーカーの登場と拡大の背景には，情報化の進展がある。情報化は，段階的に発展してきたが，このコロナ感染の影響で，飛躍的な伸びと拡がりをみせている。

　当初は，情報産業，情報サービスの単純な発展であったが，それがクラウドの情報集積，AIによる経営分析，そしてビジネスにおけるアイデア，商品デザインも提案する機能を担ない，第3次産業革命，いわゆるデジタル・トランスフォーメション（DX）という現象を引き起こしている。

　デジタル化（アナログデータをデジタルデータに変換）とは，デジタル技術（クラウド・コンピューティングや解析，IoT，モバイル，ソーシャルメディアなど）を活用して有望なビジネスチャンスを生み出していこうとするイノベーションである。デジタル化で出来ることは，①物理的距離を越えてコミュニケーションが出来る，②情報を取得・処理し，サービスの自動化・最適化が出来る，ことなどである。デジタル技術とデジタル・ビジネスを用いて組織を変化させ，業績を改善することができるのである。

　以上のように，2000年代に入り，インターネットなどの情報通信技術の発達やスマートフォンの普及により，経済・産業のデジタル化が急速に進んだ。その結果，デジタルテクノロジーに基づくオンデマンドプラットフォームは，アクセシビリティ，利便性，価格競争力に基づく既存のオフライン・トランザクションとは異なる仕事と雇用形態を産み出し，いわゆるギグエコノミーが注目

されている。一般に，働き手は，福利厚生を含む，設定された労働時間を持つ
フルタイムの労働者として説明される。しかし，労働条件の定義は，経済状況
の変化と技術の進歩の継続とともに変化し，独立した契約労働などを特徴とす
る新しい労働者を生み出したのである[3]。

図表4－2　ギグワーカー登場の背景

＜情報通信技術の発展，スマートフォンの普及，デジタル化＞
⇓
オンデマンドプラットフォームの定着，アクセシビリティ，利便性，価格競争力
⇓
＜独立した契約労働の誕生＞

3　ギグワーカーに見る働き方の問題点

(1)　組織化の遅れ

　ネットビジネスの巨大企業のもとで働く人々の保護は，国際的な課題になっ
ている。それは，直接の契約関係はないのに，AI（人口知能）で働き方を管
理されているからである。

　そのような状況の中で，日本でネット通販大手「アマゾン」の宅配網を担う
個人事業主のドライバーが労働組合をつくって声を上げ始めた。労働組合を設
立したのは，横須賀市でアマゾンの荷物を配達しているドライバー10人である。
いずれも，日本法人「アマゾンジャパン」が委託した運送会社やその下請け会
社と業務委託契約を結んで働いている。委託先の会社だけでなくアマゾンにも，
団体交渉を申し入れているが，返事はない。労働基準法に基づいて適正に労働
時間を管理し，賃金を支払うことなどを求めている。

　ドライバーは個人事業主で，さらにアマゾンとの間に直接の契約関係はない。
しかし実際は，アマゾンが提供するスマートフォンのアプリで配達先や労働時
間を管理されていて，「アマゾンは交渉に応じる義務がある」と労働組合側は
主張している。

図表４－３　ギグワーカーの問題点（2022年６月13日時点）

論　　点			
1	配達料日当（１万8,000円据置き）	5	配達先・時間管理がアプリ
2	AI導入以降，取扱い荷物個数激増	6	労働者としての契約が本来
3	長時間労働（１日12時間以上）	7	報酬の片寄り
4	本当に個人事業主か	8	労働組合の結成必要

　こうした状況の中で，新しい動きがあった。2022年11月25日，東京都労働委員会が，Uber Eatsの運営会社に，配達員らの労働組合との団体交渉に誠実に応じるよう命じた。プラットフォームを介して仕事を請け負う働き手を労働法上の「労働者」と認め，事業者の責任を示した日本で初の判断となった。

　Uberが決定を不服として，中央労働委員会や裁判で争う可能性はあるが，法的責任について一定の判断が示されたことは，大きな前進と見られている。

　配達員らは，報酬を決める計算手順がアルゴリズムで決められ不透明だとして，2019年に労働組合を結成して，団体交渉を申し入れていたが，Uber側は配達員が個人事業主にあたるとして，まったく応じてこなかった。

　しかし，労働組合法の趣旨は交渉力の弱い働き手を保護することにある。東京都労働委員会は，ウーバーがサービス基盤の提供だけでなく，配達業務の遂行に様々な形でかかわり，配達員を事業に不可欠な労働力として組み入れていると認定した。契約内容も個別交渉の余地がなく，対等な関係性は認められないとも指摘した。そうした実態を踏まえ，労組法で保護すべき労働者だと判断した[4]。

　欧州では積極的に対応しようとしている。欧州連合は，スマホアプリなどで，配達などの仕事をその都度請け負う働き方が浸透していることに注目している。アプリを提供するプラットフォーマーを，労働を担う働き手の「雇用主」とみなし，待遇を改善する法整備を進めている。2021年12月発表の法案は，プラットフォーマー側で報酬額を決めていたり，労働時間や仕事をするかどうかの選択などを制約していたりするなど５つの基準を用意している。２つ以上当ては

まれば，プラットフォーマーに，最低賃金保証や有給休暇の付与，年金や労災保険の加入などで働き手を保護する義務を課す。さらに画期的なのは，独自の法則で報酬などを「上司」のように提示するアルゴリズムの透明性を高めるよう求めている。時間帯や需給で変動することが多い報酬額の算出法が働き手に見えるようにすることなどが盛り込まれる。

　米国カリフォルニア州では2020年1月に，こうした働き手を企業が従業員として扱い，最低賃金の保証や雇用保険，労災保険などの対象になると定めた州法が施行された。しかし，ウーバーなどが反発。2020年11月の住民投票で，配車アプリの運転手はこの州法の対象外となった。一方，ワシントン州シアトル市で2022年5月，料理の配達員などの最低賃金保証などをめざした法案が可決された。働き手の保護を進める動きは続いている[5]。

(2)　超過労働の隠蔽

　しかし問題は，プラットフォームの会社だけではない。委託先の運送会社にも，問題がある。それはダミーIDという問題である。

　アマゾンは，配達員の労働時間が週60時間を超えないよう独自の基準を設け，配達委託する運送会社に示している。配達員の労働時間はアマゾンのアプリを通じて管理されているが，セール期間や年末年始などは荷物が多く，超過してしまう場合がある。

　超過があると，運送会社は，アマゾンから注意などを受ける可能性がある。そのため，60時間を超えそうな配達員には，超過分の報酬は支払いつつ，他人のIDを使わせて超過がばれないようにしていたらしい。

　この男性の場合，休日出勤をすると，運送会社の管理者からLINEで別の配達員のIDとパスワードが送られてきた。男性はそのIDでログインした上で業務をしていたという。

　こうした不正は労働時間の安易な超過につながり，疲労や眠気から事故を引き起こす場合もある。このため2022年6月に神奈川県横須賀市で結成されたアマゾン配達員の労働組合は，県内の運送会社とその下請け会社に，他人のID

を使わせないよう要求書を提出した。

　運送会社は話し合いに応じている一方，アマゾンは配達員との間に直接の契約関係がないため，「配達員は従業員ではない」として交渉に応じていない。

　日本の企業間構造は，下請け，孫下請けなど多重化している。こうした日本特有の企業間関係を視野に入れて対策を練るべきである。

(3)　デジタル従属

　配達員への指示はアルゴリズム（計算手順）が決めているが，アプリによる管理が直接の指揮命令にあたるかが問題になる。アプリを作っているのは人間なので，人間の指示が間接的に及ぶ。EUは，そんな「デジタル従属」の考え方に基づき，アプリの提供元を雇用主とみなす法整備を進めている。

　日本の議論は遅れ気味である。宅配業界は多重下請け構造で，しわ寄せはいつも最下層の配達員が負わされる。アプリを通じて指示を受ける個人事業主の働き方が広がるなか，働き手の労働環境をどう守るのか，目を向けていきたい。

　運送会社が高い倫理観を持つと同時に，リモートワークを一方的に見ないで双方向的に見ることが出来るかがポイントになる。リモートワークについては，それを利用する立場と利用される立場では，大きく異なる。牛丼チェーン「すき家」の場合，経営者は人員削減，コスト削減ということで，アプリやアルゴニズムを活用しているので，大いに有益であるということができる。しかしアルバイトの女性にとっては，働き手が削減され，時間作業的に指示が出てくるので，必ずしも便利なものでなく，いっそう忙しくなる。

　リモートワークを東京から地方という視点で見れば，コスト，時間を節約できるので効率的なものである。しかし地方から東京を見れば，リモートワークは制約的なものになる。

　リモートワークの双方向的視点が重要である[7]。

4 懸念されるポスト情報革命の課題

(1) 大量解雇

　懸念される最初のことは,「大量解雇」である。情報化, デジタル化が一段落したということで, 情報産業の企業経営者がいっせいに人員の見直しを進める可能性がある。

　「日本経済新聞」(2022.11.18) は, FINANCIAL TIMESの編集委員のリチャード・ウォーターズ氏の論説を紹介し, Amazon.comやファイスブックの親会社メタが1万人規模の従業員削減を発表したことを報じ, こうしたテック企業の解雇はこれまでの過剰採用と経済予測の甘さからくるものだと, 経営者を厳しく批判した。

　こうした行為は, 欧米日の大企業や中小企業が, 公益主義的経営を展開している中で, 水を差す行為であり, 許されるものではない。公益主義的経営は1985年から2008年までの株主価値経営の反省から来るものであり, バンク・オブ・アメリカのモイニハンCEOは, 公益に反した場合は, 辞任するとまで言い切っている。

　株主価値経営を経験した経営者は, 株主価値経営優先を反省し, 直ちに利益を上げることだけを考えない, 消費者を儲けの手段にしない, 労働者をコストと見ない, 環境よりも事業を優先しない, 効率が悪いといって簡単に事業を切り捨てない, 効率の高い事業のみに特化しないことを誓ったばかりである。

　言うまでもなく, 株主価値経営は, 目標の売上高, 営業利益を実現し, 効率性を追求してROEを高め, 株価の成長を実現させて, 株主利益を最大化する経営方法であり, すべての利益を株主に収斂するものである。

　経営者は, いま短期主義を長期的視点に転換し, 環境・社会に配慮して手段を択ばずという方法を改め, 株主利益優先をすべてのステークホルダーへの配慮に転換している。

　したがって, テック企業の大量解雇は許されないのである。まずは, 大量解

雇の前に，株主利益（株主の期待収益）を削減し，経営者報酬を削減すること
が優先事項である[8]。

(2)　健康被害

　こうした産業構造の発展は，単なる企業競争力の問題だけではなく，深刻な
社会的問題も引き起こす。例えば，19世紀の産業革命は，石炭燃料の利用によ
り，石炭を燃やした後の煙やススが霧に混じって地表に滞留し，スモッグと呼
ばれる現象を起こして呼吸器疾患など多くの健康被害を引き起こした。1950年
代までの100年間にも10回ほどの大きなスモッグがあったが，その中でもっと
も健康被害が大きかったのが1952年である。1952年12月5日から12月10日の間
の，高気圧がイギリス上空を覆い，その結果冷たい霧がロンドンを覆った。あ
まりの寒さにロンドン市民は通常より多くの石炭を暖房に使った。同じ頃，ロ
ンドンの地上交通を路面電車からディーゼルバスに転換する事業が完了したば
かりであった。こうして暖房器具や火力発電所，ディーゼル車などから発生し
た亜硫酸ガス（二酸化硫黄）などの大気汚染物質は冷たい大気の層に閉じ込め
られ，滞留し濃縮されてpH2ともいわれる強酸性の高濃度の硫酸の霧を発生
した。これにより，1万人以上の人が死亡した。史上最悪規模の大気汚染によ
る公害事件であり，現代の公害問題や環境問題に大きな影響を与えた。

(3)　貧困と格差

　産業革命がもたらしたもう1つの問題は貧困である。ロンドンのイーストエ
ンドは，当初，防壁や道路沿いの農村風景が特徴であった。川と沼地に囲まれ
た地域であり，同時に海運とイギリス海軍にとっての条件を満たすエリアで
あった。しかし，船の建造・修理に関する産業が盛んになり，職を求める地方
の人々がここに集ってきた。17世紀にユグノー難民から始まり，郊外には住宅
地が造成された。その後，アイルランド人，ユダヤ人が続き，20世紀にはバン
グラデシュ人が続いた。ほとんどの移民が衣類産業に従事したが，経験を要し
ない単純労働は，この地域に低所得と貧困を招いた。1827年のセイント・キャ

サリン・ドックズの建設と1840から1875年に建設されたターミナル駅によって
スラムと集合住居が一掃され，多くの人々がイーストエンドへ移り住んだこと
から，さらなる悪化を引き起こした。およそ1世紀の間，イーストエンドは貧
困，人口過密，病気，犯罪を意味する代名詞になった。

　霧の町・ロンドンの亜硫酸ガスの排出，テームズ川への有害物質の垂れ流し，
これらの公害問題も産業構造の高度化がもたらしたものである。また貧困と格
差も，この時代から作り出されていく。ロンドンのイーストエンドが移民の流
入地域となり，貧困の溜まり場として，長く社会問題として歴史に登場してく
る。産業構造の高度化は社会問題の深刻さも醸成していくのである。

　それでは，情報革命はどうであろうか。

　2020年11月の米英欧の中央銀行総裁フォーラムにおいて，パウエル米連邦準
備理事会議長は，

　　「コロナ危機後の世界でデジタル化が進み，生産性は改善する。しかし失
　　業などの痛みが長引く。サービス業などで働く比較的賃金の低い労働者は
　　失業の脅威に悩まさざるをえない。ワクチンが開発されて日常を取り戻し
　　ても，労働者が新たな経済で求められる技能は様変わりする」
と指摘した。

　つまり，デジタル化の中で，ある部分の若者が取り残され貧困という問題を
新たに生み出すであろうというものであった。

　したがって，情報革命は生産力と生産性を飛躍的に発展させるが，新たな貧
困問題も生み出すという冷静かつ厳しい見方も必要である。企業経営的には，

図表4-4　もたらされた労働の環境－産業革命と情報革命－

項　目	産業革命	情報革命
時　代	19世紀	20・21世紀
労働環境	健康被害 スモッグ 貧困	＜労働基準法の未適用＞ ・健康被害－過労（AI導入が拍車） ＜新たな貧困と格差＞ ・大量解雇 ・事故には自己保険で対応

こうした両面のメリット・デメリットも認識しつつ，どのような調和ある企業・経営活動を支援していくか，高いレベルでの経営・社会対応での問題意識を保持していかねばならない[9]。

【脚　注】
1)　公正労働基準法（Fair Labor Standards Act of 1938）とは，1938年にアメリカ合衆国において制定された連邦法律である。1940年に発効した。週最高44時間制労働を導入し，1時間＄0.25の最低賃金を制定した。いくらかの職種における超過勤務の時間給を5割増しと規定した。16歳未満の児童による就学時間内の労働や「苛酷な児童労働」を禁止し，児童就労に実質的に終止符を打つた。本法の適用対象は，州際通商および州際通商のための商品生産に従事する被用者であった。ただし，当初の適用範囲は限定的であり，小売り，サービス業，漁業，小規模地方電話交換，小規模週刊紙，地方のバス・市街電車，海員，鉄道，トラック，航空，農業，季節的産業が適用除外とされた。その後，適用対象者を拡大する改正が数次にわたり行われ，今日にいたっている。ギグワーカーを賃金の面から，また業務の面から，どのように捉え，公正な労働環境・条件を制定するのは，公正労働基準法の重要な責務と考えられる。
　　なお，本章においては，『フリーランスとして安心して働ける環境を整備するためのガイドライン』内閣官房公正取引委員会，中小企業庁・厚生労働省2021.3.26を参考にした。
2)　ギグワーカーの就労動向については，「ギグワーカー，米で急増－料金上昇，ウーバー運転手500万人－」『日本経済新聞』2022.8.4.を参照せよ。
3)　情報化における意義と問題点については，坂本恒夫「第4講　情報革命」『テキスト　財務管理論』（鳥居陽介・現代財務管理論研究会）中央経済社，2022.4.30に詳しい。
4)　東京都労働委員会の決定については，片田貴也「取材考記　超過労働　アマゾン配達員　守る議論を」『朝日新聞』2022.10.27.の指摘が興味深い。
5)　労働組合設立の動きについては，「声上げるアマゾン配達員」『朝日新聞』2022.9.6を参照せよ。
6)　＜下請け＞および＜偽装委託＞については，「孫請け配達員　アマゾン労組－偽装委託　実は労働者」『朝日新聞』2022.6.14に詳しい。
7)　リモートワークの概念については，「特集　働き方の未来を50人が読む＜第2回調査報告＞」『労働の科学』2022年10月号に詳しく述べられている。
8)　アメリカでのIT関連企業での人員削減については，「米テック，人員削減最多－11月までに8万人　人材流動化の兆し－」『日本経済新聞』2022.12.3を参照せよ。
9)　産業革命における＜健康被害＞および＜貧困と格差＞については，前掲「第4講　情報革命」『テキスト　財務管理論』を参照せよ。

第5章

DX先進企業が引き起こした不祥事

1　コロナ禍でも好業績を上げていた回転寿司業界

　新型コロナウイルス感染拡大により，外食業界は大きな影響を受けた。特に，複数回発令された緊急事態宣言によって，飲食店は営業自粛や時短営業を求められ，非常に厳しい経営を迫られることとなった。日本フードサービス協会のデータによると，日本においても新型コロナウイルス感染拡大が大きく報じられ，最初の緊急事態宣言が発令された2020年4月の外食産業全体の売上高前年同月比は，60.4％と大きく落ち込んだ。

図表5－1　外食産業全体と持ち帰り米飯・回転寿司の前年同月比売上高の推移

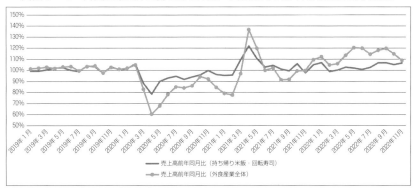

出所）　日本フードサービス協会ホームページ，http://www.jfnet.or.jp/data/data_c.html

　しかし，他の外食企業が苦戦し続ける中でも回転寿司業界は，2020年3月・4月の前年比売上高が88.3％，78.4％と大幅な落ち込みとなったものの，外食産業全体の減少率よりは緩やかであった（図表5−1参照）。その後も売上高，客数ともに回復させていき，例えば，あきんどスシロー（以下，スシロー）を運営するFOOD&LIFE COMPANIESは，2021年9月期の売上収益が2,408億円，営業利益2,299億円，当期純利益は131億円と過去最高を更新することとなった[1]。持ち帰り需要への対応が大きく寄与したほか，時短営業の協力金など約70億円の補助金も貢献した[2]。なお，2022年9月期は，後述の不祥事の影響もあり，営業収益は増加したものの，営業利益，当期利益ともに前年を下回っている（図表5−2参照）。

図表5−2　FOOD&LIFE COMPANIESの業績推移

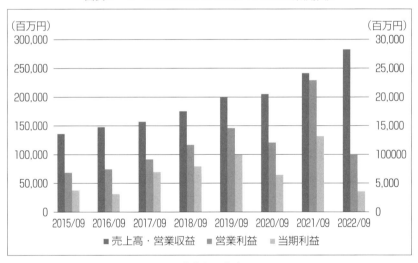

出所）　日経バリューサーチのデータをもとに作成。

　回転寿司業界の主要な企業としては，スシローを運営するFOOD&LIFE COMPANIESやくら寿司，カッパ・クリエイトなどが挙げられる（図表5−3参照）。今回はその中でも，業界首位の規模であり，前述のようにコロナ禍でも好業績を上げていたFOOD&LIFE COMPANIESを採り上げ，この企業に

よるDXへの取り組みと不祥事の内容を確認し，2022年7月に監査等委員会から提出された調査報告書を主に参照しながら，その不祥事と人的資本の関係を簡単に考察する。

図表5－3　回転寿司業界の主要企業

企業名	決算期	売上高 （百万円）	当期 純利益 （百万円）	売上高 営業利益 率（％）	売上高 増加率（対 前年比・％）	期末 従業員数	時価総額 （百万円）
FOOD&LIFE COMPANIES （スシロー）	2021年9月	240,804	13,185	9.51	17.49	4,577	435,840
くら寿司	2021年10月	147,592	1,901	−1.81	8.66	2,185	157,111
カッパ・ クリエイト	2021年3月	64,881	−1,149	−2.42	−13.28	819	67,994
元気寿司	2021年3月	38,252	−443	−1.18	−11.93	563	23,096

注）　時価総額は，2022年2月22日時点の値をもとに算出
出所）　日経バリューサーチ。

② 回転寿司業界のDXの取り組み

スシロー（FOOD&LIFE COMPANIES）が，コロナ禍でも最高益を更新出来た理由として，いち早くテイクアウト（持ち帰り）需要への対応ができたことが挙げられているが，それを可能にした理由として，コロナ以前から継続してIT化・DXへの取り組みを行っていたことが指摘されている。回転寿司業界では，コロナ以前からお盆や年末年始には相当量のテイクアウト需要があったため，これらの注文を迅速に処理する受注管理システムや店舗オペレーションを確立させていたのである。スシローでは，テイクアウトの注文がスマートフォン等からできる「モバイルオーダー」の仕組みを既に導入しており，新型コロナウイルス感染拡大に伴って急増した注文にも問題なく対応できた。コロナ禍では，人との接触を極力減らすことが求められるが，同社は入口の自動案内システム，「Auto Waiter（オートウェイター）」と呼ばれる高速レーンシステム，セルフレジ，テイクアウトであらかじめ注文しておいた商品を受け取れ

る自動土産ロッカー，画像認識による自動会計などを導入し，店員とのやりとりが必要な機会がほとんどなくなる仕組みを整えている。もともとは職人の作業効率化のためであったが，人員不足やコロナ禍といった状況における課題を克服する技術として力を発揮することとなった[3]。これら省人化機器の導入実績は，2021年度時点で，スシローブランドの店舗数610に対し，自動案内システムが461店舗，土産ロッカーが128店舗，自動会計が18店舗であった。この時点で，次年度（2022年度）の目標導入数をそれぞれ600店舗以上，200店舗以上，100店舗以上と，さらなる拡大目標を掲げていた[4]。

　業界2位のくら寿司も，DX・省力化を進めてきている。近年の導入システムとしては，スマートフォンのアプリから時間指定で予約でき，自動的に客席まで誘導する自動受付・案内（2017年導入）や，客席にあるQRコードを読み込むことで自身のスマートフォンから注文できるシステム（2019年導入），どのテーブルで何枚のお皿を取ったかをAIが画像を分析して検知し自動でカウントすることで，店員を介さず会計ができるセルフチェック（2019年導入）などが挙げられる。これらシステムは自社で開発したものであるという点が特徴的で，コロナ禍における非接触の需要を満たすものとなっている[5]。

　そもそもDXとは，「企業がビジネス環境の激しい変化に対応し，データとデジタル技術を活用して，顧客や社会のニーズを基に，製品やサービス，ビジネスモデルを変革するとともに，業務そのものや，組織，プロセス，企業文化・風土を変革し，競争上の優位性を確立すること」と定義されている[6]。東京証券取引所と共同で，毎年「DX銘柄」を選定している経済産業省の資料では，DXが企業価値貢献に与える影響は，デジタル技術を用いた「既存ビジネスモデルの深化」と「業態変革・新規ビジネスモデルの創出」の2つに分けられるとし，DX銘柄の選定にあたっては，後者の「業態変革・新規ビジネスモデルの創出」の方を高く評価している[7]。その意味では，回転寿司業界のDXは「既存ビジネスモデルの深化」に分類されよう。ビジネスモデルの変革まで至らないものの，これらの取り組みによってスシローを含む回転寿司業界の企業は業績を向上させていたと考えられる。

　今回事例とするFOOD&LIFE COMPANIESは,情報処理技術の活用（DX）の方向性として,「デジタルを活用し,社内のシステムユーザーや消費者が認識していない課題解決を行い,新規ビジネスモデルのデジタル・トランスフォーメーションを推進するためのガイドライン構築を進める」と掲げている。「世界中に無駄なく適量適所な食材供給」を目標とし,メーカーや物流会社などサプライチェーンに関わる会社とデータを共有・連携し,AI需要予測に基づく計画システムの策定などのDXを進めることによって,業務効率化やコスト削減,フードロス削減を実現する,としている。

　その具体例として同社が挙げているのが,「回転すし総合管理システム」である。以前は,販売予測は全て店舗で働く店長の勘で決定していた。レーンを流れる食品の廃棄も,目視での感覚によるものであったが,このシステムを導入し,販売動向の管理や需要予測によって廃棄食材の削減に努め,平均原価率約50％という業界トップクラスである数字を実現させている,と説明している[8]。

３　回転寿司業界が起こした問題（不祥事）

　このように,FOOD&LIFE COMPANIESは,既存ビジネスモデルの深化に分類されるDXに積極的に取り組み業績を向上させていた一方で,消費者庁によって景品表示法違反（おとり広告）と認定され,2022年6月9日付で再発防止を求める措置命令が出されている。

　同社は,2021年9〜12月にかけて,全国の約600店舗で期間限定の3商品を企画・販売し,テレビCMや自社ホームページ等で宣伝した。しかし,宣伝を続けている間,店舗の9割超にあたる583店舗において提供されない時期があった。消費者庁は,実際には購入できない商品を購入できるかのように表示したおとり広告にあたる,と判断したのである[9]。具体的にどのような流れで問題が起こったのかについては,監査等委員会から提出された調査報告書をもとに,以下で要点をまとめる[10]。

　今回の問題は,キャンペーン①「世界のうまいもん祭」で提供された「新

物！　濃厚うに包み」，キャンペーン②「匠の一皿　独創／とやま鮨し人考案　新物うに　鮨し人流3種盛り」で提供された「とやま鮨し人考案　新物うに　鮨し人流3種盛り」，キャンペーン③「冬の大感謝祭　冬のうまいもん」で提供された「冬の味覚！　豪華かにづくし」において，十分な量の販売ができなかったにもかかわらず，消費者への適切な告知といった対応をせずにあたかも来店すれば食べられるかのように広告宣伝を続けていたというものである。

　キャンペーン①と②については，2021年9月からの実施であったが，それぞれのキャンペーン開始日の販売実績データを確認したところ，「うに」に関する料理について計画数量を大幅に超過し，欠品が生じる可能性が高いことが翌日には判明したとのことである。そこで同社は，①のうに料理（税込100円）については平日に販売を停止し土日祝日に販売する，②のうに料理（税込528円）については平日に販売し土日祝日には販売停止する，という販売調整を行った[11]。対応として，キャンペーン①・②の「うに」が「入荷待ち」であると表現したポスターを作成して各店舗に掲示し，ウェブサイトでは，①については完売している場合があるという記載を追記している（②については販売停止前に掲載終了していたため積極的に告知せず）[12]。しかし，①について実施していたテレビCMに関しては中止せず，顧客からのクレームが寄せられていたという。

　このような事案があった後，今度は2021年11月から実施したキャンペーン③に含まれる「かに」についても同様の問題が起こった。こちらでも開始日の販売実績データを確認したところ，「かに」に関する料理について欠品が生じる可能性が高いことが判明した。しかし，前述の料理とは異なり，こちらは当該キャンペーンのための特注品であり，追加調達は出来ない食材であったため，調達数量を超過した場合は販売停止するしかなかった。実際に，当時の店舗数605のうち，キャンペーン開始4日後には販売停止店舗が合計124，11日後には503，最終日には574店舗にも上っていた[13]。それにもかかわらず，広告宣伝は多くの店舗での販売停止後もウェブサイト，テレビCM，SNSのいずれも中止せず，最終日まで実施されていた。

　販売数量の算出にあたっては，これまでは過去の同一あるいは類似商品の販売売上実績をもとに，専用のエクセルを利用して数量を算出し，「意思入れ」と呼ばれる，仕入経験のある人が感覚的にその数字を調整するという方法で決定していた。その後，本部機能のスリム化対策の一環として，計画数量を算出するAIシステムを2021年 4 月頃に導入しており（試験運用はそれ以前からされていた），各キャンペーンの需要予測はこのシステムを利用して行っていた。しかし，結果的に欠品が生じてしまった理由として，そもそも当時のAIシステムは十分な学習期間を確保できておらず，それほど精度が高くなかったこと，販売数量の予測においてテレビCMの顧客訴求力が考慮されていなかったこと，③については急遽「90円セール」の実施が決定されたものの，それによる来店客数の増加を見込んでいなかったこと，などが挙げられている。

　この問題を受け，2002年 7 月 6 日付で監査等委員会による調査報告書を公表したうえ，同社ホームページにも「景品表示法違反に関するお詫びと対応策について」という文書をアップし，キャンペーン商品の改善，景品表示法に関する研修，完売の際の店頭告知など，再発防止のための対策を公表している。

　しかし，これ以降にも，「生ビールジョッキ半額」キャンペーン中に，一部店舗で品切れになっていたことが判明し，店頭での販促広告を見て商品を注文した顧客への返金対応を行った事例[14]や，キャンペーンで提供予定であったものとは違う種類のマグロを提供した（仕入れ値が高いとされるメバチマグロの代わりに，キハダマグロを使用していた）ことも明らかにし，返金対応を取った事例なども公表されている[15]。

図表5－4　スシロー問題の流れ

日　時	内　　容
2021年4月頃	計画数量を算出するAIシステムを導入（それ以前から，試験運用はされていた）
2021年5月頃	キャンペーン（下記①・②）に用いる「うに」の販売数量をAIシステムを利用して予測
2021年6月	取締役会で「うに」に関する2つのキャンペーン実施を承認（いずれも実施は同年9月から） 　キャンペーン①：「世界のうまいもん祭」 　キャンペーン②：「匠の一冊　独創／とやま鮨し人考案　新物うに鮨し人流3種盛り」
2021年7月頃	キャンペーン（下記③）に用いる「かに」の販売数量をAIシステムを利用して予測
2021年8月	取締役会で「かに」に関するキャンペーン実施を承認（実施は同年11月から） 　キャンペーン③：「冬の大感謝祭　冬のうまいもん」
2021年9月	販売実績数量が計画数量を大幅に超過したため，「うに」に関する料理（①，②）の販売調整を実施 キャンペーン①・②の「うに」が「入荷待ち」であると表現したポスターを作成し，各店舗に掲示（実際は「販売調整」であり，事実と異なる表記であった） キャンペーン①についてはウェブサイトで完売の可能性についての記載を追加したものの，②係るTVCMは継続
2021年11月	キャンペーン③開始2週間前，「90円セール」の開催を急遽決定 その影響もあり，キャンペーン③開始後に相当数の店舗が「かに」に関する料理の販売を停止（食材はキャンペーン用の特注品であり，追加調達は不可） キャンペーン③の広告宣伝は，多くの店舗での販売停止後もウェブサイト，TVCM，SNSのいずれも中止せず，最終日まで実施
2022年6月	消費者庁から景品表示法違反で措置命令を受ける
2022年7月	生ビールジョッキ半額のキャンペーン開始前に一部店舗で誤って告知，開始後には一部店舗で対象商品が品切れ
2022年10月	キャンペーンで提供予定であったものとは違う種類のマグロを提供していたことを発表，対象商品購入者に相当額を返金する対応

出所）　FOOD&LIFE COMPANIES監査等委員会（2022）「調査報告書」，『日本経済新聞』2022年7月22日付朝刊，『日経MJ』2022年10月7日付をもとに作成。

4　人員不足が不祥事を引き起こす可能性

　今回の問題は，特定のキャンペーン商品において予測した調達数量を上回る販売実績となり，期間中に商品の提供ができなくなったにもかかわらず，広告宣伝を続け顧客を結果的に欺いたことにある。ではなぜキャンペーン期間・内容の変更やテレビCMの停止といった対応を取れなかったのか。調査報告書に記載されているヒアリング結果によると，キャンペーン内容を変更することへのハードルが高い，キャンペーンを止める企業文化がない，という回答もあり，テレビCMについては，役員が決定した方針を覆す中止という対応はとれない，という企業風土の指摘もあった[16]。広告に関しては適切に訂正・中止する体制も整っていなかったとのことであり，これらは総じてコーポレートガバナンスの問題と捉えることができる。売上・利益の向上だけを追い求めすぎて，顧客に寄り添う姿勢が疎かになってしまったことに加え，利益の減少につながるような従業員からの進言を受け付けない風土が醸成されていたことが推察される。社内管理体制の構築とともに，現代の企業経営においては，「パーパス（存在意義）」という視点での企業風土の見直しが求められると考えられる。何のために自社が存在しているのか，社会のどのような部分に貢献するのかを念頭に置きながら経営を行うことで，顧客からの信頼を得ることができ，それが最終的には利益の向上に結び付いていくだろう。

　また，調査報告書では，「『おとり広告』との関係で直接の原因とまでは考えにくい」としながらも，人手不足と適切な人員を配置する必要性が指摘されている。具体的には，以下の通りである。

　　「当社グループでは，営業部門以外を当社に集約し，BPR及びBPOを進めているが，本調査におけるヒアリングにおいて，スシロー営業企画部販売企画課は，月2回のキャンペーンを実施するだけでも人手は精一杯であり，モニタリングや事後の検証等には十分手が回っているとは言い難い，また，当社についても，2021年2月26日に株式会社京樽の株式を当社（当時の商

号は，「株式会社スシローグローバルホールディングス」）が取得し，運営
管理するブランドが増えたことに伴い，業務量が増えたとして，本社にお
ける人材不足を指摘する意見があった。

　仮に，かかる人員不足が認められたとしても，本件の「おとり広告」と
の関係で直接の原因とまでは考えにくいが，キャンペーンのモニタリング
等のほか，適時適切な広告の発出及び修正を行うにあたっての支障となっ
た可能性は否定できず，念のため指摘しておく。」[17]

業務効率化を通じて人員不足問題を解消させることも目的としていたFOOD
&LIFE COMPANIESのDX戦略であったが，販売数量を予測するAIシステム
の精度が当時はそれほど高くなかったとの指摘もあり，本部業務においては効
果を十分に発揮できていなかったようである。

この対策として，調査報告書では適正な人員の配置を提言している。

「キャンペーンの策定や，キャンペーン開始後の販売状況のモニタリング
等を含め，スシローのキャンペーンの中心的役割を担うのは，スシローの
営業企画部販促企画課である。また，スシローにおいては，概ね2週間か
ら3週間の期間のキャンペーンを年間約20回程度実施しており，実質的に
は，常に，新たなキャンペーンの策定と，実施中のキャンペーンの販売状
況のモニタリング等に追われていた。

　それゆえ，同課は一定程度重い負荷のかかる状況になっていたことが窺
われ，また，同課の業務の1つである販売予測数量の算出方法ですら，各
担当者のヒアリング内容に齟齬が生じており，同課の中での情報共有や教
育等が適切に行われていない可能性も否定できない。

　また，今後は，本件の再発防止のために，販売予測数量の算定方法の検
証や，キャンペーン開始後の徹底したモニタリング等が求められ，これま
で以上に業務負荷がかかることが予想されるところであるから，改めて，
適切な人員配置を検討し，必要に応じて，人員の補充等を行う必要がある
と考える。

　さらに，スシローの営業企画部販促企画課以外の当社グループの各部署

においても，事業拡大に伴う人員補強が十分にできているか，教育等がなされているかは，疑問の余地があることから，BPR及びBPOを進めつつも，改めて，各部署の人員の適正配置を再検討されたい。」18)

　同社は，これまで人件費に関して，「機材による自動化を含む店舗オペレーションの効率化や従業員の教育，標準化による生産性の向上等により，人件費の最適化に取り組んでまいります」19) とし，コストとしての認識が強くあったと推察される。調査報告書にも記載の通り，人員不足だけが問題を引き起こした要因ではないものの，人への投資がリスクマネジメントにもつながることから，実店舗の運営に対するものだけでなく，本部業務においても適切な人員を確保するとともにDXを一層進めることが求められる。

【脚　注】
1) 　株式会社FOOD&LIFE COMPANIES「第8期　有価証券報告書」。
2) 　『日本経済新聞』，2021年8月11日付朝刊。
3) 　『日経産業新聞』，2022年1月27日付。
4) 　FOOD&LIFE COMPANIES 2021年9月期　通期決算説明資料。
5) 　くら寿司ホームページ，https://www.kurasushi.co.jp/author/002296.html。
6) 　経済産業省「(DX推進ガイドライン)」。
7) 　経済産業省・東京証券取引所 (2021)「デジタルトランスフォーメーション銘柄 (DX銘柄) 2021」，7ページ。
8) 　FOOD&LIFE COMPANIESホームページ，
　　https://www.food-and-life.co.jp/sustainability/sushisystem/。
9) 　『日本経済新聞』，2022年6月10日付朝刊。
10) 　以下でまとめている時系列の事実関係については，FOOD&LIFE COMPANIES監査等委員会 (2022)，5〜16ページを引用・要約している。
11) 　このような対応を行った理由として，平日の顧客単価を上げる一方，多くの顧客が来店する土日祝日にはクレームを出来るだけ減らすために行った，との証言もある。
12) 　「入荷待ち」という表現についても，実際は①と②で相互に融通が可能であったため，事実と異なる表記であったことが報告書では指摘されている。
13) 　調理するための機材の故障で3店舗，機材がない1店舗では，そもそもキャンペーン③の「かに」に関する料理が提供されていなかった。しかし，これについての告知はなされていなかった。
14) 　『日本経済新聞』，2022年7月22日付朝刊。
15) 　『日経MJ』，2022年10月7日付。
16) 　FOOD&LIFE COMPANIES監査等委員会 (2022)，11ページ，17〜24ページ参照。

17)　同上，24ページより引用。文中の「BPR」は既存の組織や制度を抜本的に見直し再構築するBusiness Process Re-engineeringの略語，「BPO」は自社で担っている業務を外部委託するBusiness Process Outsourcingの略語である。

18)　同上，29〜30ページより引用。

19)　FOOD&LIFE COMPANIES「第7期定時株主総会招集ご通知」，23ページ。

（参考文献）

日本フードサービス協会ホームページ，http://www.jfnet.or.jp/index.html。

経済産業省・東京証券取引所（2021）「デジタルトランスフォーメーション銘柄（DX銘柄）2021」。

株式会社FOOD&LIFE COMPANIESホームページ，https://food-and-life.co.jp/。

株式会社FOOD&LIFE COMPANIES監査等委員会（2022）「調査報告書」，http://www 3.akindo-sushiro.co.jp/pdf/news/ 220708_shakoku/ 220708_houkokusyo.pdf。

（鳥居　陽介）

第6章

ジョブ型雇用で何が変わるのか

1　は じ め に

　本章では，DX推進過程において働き方がどのように変化していくのかを，ジョブ型雇用へのシフトという観点から考察したい。ジョブ型雇用という言葉は，このところ日常的に耳にするようになった言葉である。このジョブ型雇用という用語の起源をたどってみると，労働政策研究研修機構の濱口桂一郎氏の『新しい労働社会』（岩波新書）であるというのが定説であろう。濱口氏は，日本の伝統的な雇用形態を「メンバーシップ型雇用」と呼び，これに対し欧米型の雇用を「ジョブ型雇用」と位置付けた。その後，経産省人材版伊藤レポート（2020年）では，「ジョブ型雇用の促進」について言及されている[1]。人材版伊藤レポートは，「人的資本経営の実現に向けた検討会」（経済産業省）がとりまとめた報告書で，今後の企業経営には人的資本の充実が不可欠であることを示唆している。また，日本経済団体連合会の2020年版　経営労働政策特別委員会報告においても，「ジョブ型社員の採用」に前向きな姿勢が示されている。

　しかし，ジョブ型雇用の定義については確立したものがなく，論者によって少しずつ違うニュアンスを持っている。ここではジョブ型雇用というものを，契約という観点から考えてみたい。

　ジョブ型雇用の最大の特徴としては，採用時の雇用契約において，今後従事する業務を限定するか否かという点がある。日本の大企業においては，伝統的

に従業員の採用は新卒一括大量採用という方法が取られてきた。学生は就職活動が成功すると，企業から内定通知をもらう。内定通知により，雇用契約の成立となり，いったん内定を出すとその取り消しは簡単にはできなくなる。法的には，募集行為が申し込みの「誘因」，これに対する「応募」が契約の申込，「内定」はその承諾と解され，内定段階で雇用契約は成立する。しかしこの内定通知にはどんな職種や仕事に就くか，どこで働くかは書いていないことも多い。これが，いわゆるメンバーシップ型雇用といわれるもので，日本では伝統的に行われてきた形態である。これはあきらかに「就社」であり，「就職」ではない。かつての内定通知は，電報で「サイヨウナイテイス　○○ジンジ」というだけのものが多かった。

　一方，労働基準法では，労働条件通知書で労働条件を明示しなくてはならないことになっており，違反には罰則もある。この「労働条件」には，就業の場所，従事すべき業務が含まれている。この労働条件通知書を発行すべきタイミングは，契約の締結時とされているので，内定時に就業の場所，従事すべき業務が決まっていないのは労基法違反ということになる。このことから，日本の労働法はもともと「ジョブ型雇用」を前提にしていたものだということができる。

② DXとジョブ型雇用の親和性

　本書のタイトルであるDXとジョブ型雇用の親和性について考えてみよう。DXを推進するためには，いうまでもなくいわゆるDX人材が必要となる。DX人材の定義については，様々な見解があるが，共通項としていえるのは，高度な専門職であることに相違はない。IT分野の専門家，データサイエンスの専門家，ビジネスデザインの専門家等が必要となる。これらの人材をメンバーシップ型で採用した既存の人材だけで賄うことは，非現実的であろう。おのずと，外部からの調達，専門機関からの人材の派遣等が必要となる。高度な専門職を外部から募集する場合，その人材スペックを限定せざるを得ない。また，

DX推進においては，必要とされるジョブそのものも常に変化し，その程度も大きい。大きな変化に柔軟に対応するにはジョブ型が適している。このような理由から，DXの推進とジョブ型雇用は，その親和性が高いことになる。

　一方，DX人材は社内で育成するという方法も，もちろんある。この場合は，多くはメンバーシップ型で採用した人材から，必要な教育訓練を経てDX人材を育成することになる。こうして育成したDX人材は，高度なスペシャリストであり，従来のメンバーシップ型人事制度にはなじまず，ジョブ型の人事制度にシフトしていかざるを得ないであろう。究極的には，社内外を含めた多様な人材が協働して，新しい課題に挑戦していくという働き方が必要となる。

　DX人材とジョブ型雇用との親和性が高いことについては，もう1つの観点からも，いえることがある。

　従来の日本の経営組織では，企業特殊的熟練が必要であるといわれてきた。これは，1つの組織において，人材の流動性が少なく，内部労働市場制と相まって要求されてきたものである。組織で必要とされるスキルには，専門的スキルと，組織との相性やつながりの維持といった，専門スキル以外に要求されるスキルがある。DX人材では，この専門的スキルが際立って要求され，それ以外のスキルの相対的な重要性は低くなるといえる。DX推進がプロジェクト的な運営になり，組織が比較的短期で完結するという一面もあろう。メンバーシップ型で採用された人材は，専門的スキルよりもそれ以外のスキルの育成・発揮においては断然有利であるが，短期的に専門的スキルを磨き，発揮しなければならないという点においては，ジョブ型が優るといえるであろう。

3　ジョブ型雇用とは

　わが国の労働市場の特徴を表す表現として，しばしば内部労働市場の形成と外部労働市場の未熟さがあげられる。企業内で空きポストがあると，内部から異動や配転によって調達するのが内部労働市場であり，外部（社外）から新たに採用するのが外部労働市場である。わが国では，正社員は典型的な内部労働

市場であるといわれてきた。社内でまだ経験のない分野の仕事でも，メンバーシップ型の場合は，内部で調達しようとすることが多い。異動や配転はいうまでもなく，メンバーシップ型雇用であるからこそ可能になるのであり，空いたポストに新たに中途で必要な社員を採用するには，必然的にジョブを指定したジョブ型雇用になる。

　ジョブ型雇用の本来の意味と対立概念としてのメンバーシップ型の比較については，「ジョブ型になると何が変わるのか」で詳しく述べることとするが，なぜ日本ではメンバーシップ型雇用が広く行われていたのであろうか。

　第二次大戦に敗戦後，焦土と化した日本を瞬く間に復興させ，一時はGDPで世界第2位の地位にまで上った日本経済の高度経済成長の推進力となったといわれる「日本的経営」という言葉に注目したい。「日本的経営」は日本の急成長に驚愕した外国人によって浮き彫りにされた概念である。J. C. アベグレンは日本独特の制度として，長期雇用，年功序列賃金制度，企業別組合の3つに注目した。このうち長期雇用は，いったん採用された社員が長期にわたり同じ会社あるいはグループに定年まで雇用され続けるという，特に大企業に特徴的であった雇用慣行である。これは，司法が作り上げたいわゆる「解雇権濫用法理」（後述）によってその存続基盤が補強されてきた。会社は長期にわたり雇用をつなぎ留めなくてはならないので，あるポジションやジョブがなくなっても，そこにいる社員は，別のポジションやジョブに転換することが求められる。すなわち，雇用を保証するのと引き換えに，社員はどんな仕事でも引き受け，どんなところにでも異動させられるという無限定的な働き方を求められてきたのである。新卒社員の採用は，必然的に職種を限定せずに，会社のメンバーとして採用することになるのである。職務が無限定的であると，必然的に，専門性を磨くより，組織への順応性や適応性を磨いた方が有利になる。組織形態やビジネスプロセスも標準化されておらず，会社によって特異性があるため，長くいることが，途中から入った社員より有利になるのである。

　多くの企業で，正社員の働き方が無限定なのにはもう1つの理由があると考える。日本企業は，これまで顧客密着といううたい文句の元，個々の顧客の求

めるスペックに忠実に従い，よい面では高品質だが，悪い面では，過剰品質，過剰対応をして成長してきたといえる。すなわち，自社製品・サービスのスペックを限定せず，顧客ごとのスペックを細かく決め，すり合わせ技術により忠実に対応してきたのである。ある意味では，無限定な製品・システム，無限定なサービスを提供してきたといえる。顧客に無限定に対応しなければならないことは，社員も無限定に働かざるを得ないことを意味する。この2つの無限定性が，長時間労働の1つの要因であったことにも注目したい。

　中根千枝氏の著書に，「タテ社会の人間関係」[2]という本があるが，中根氏はこの中で，日本の企業と従業員の関係は，契約関係というより，「縁あって結ばれた仲」という表現で表されるようなものであることを指摘している。従業員（の家族も含め）は会社という家の一員であり，家族同様の関係となる。家族であるから当然，「契約」によって決められたことだけをするのではなく，会社のため無限定に働くという慣習があったのである。

④　日本の雇用の現状とジョブ型への移行

　現在の高等教育の実情を見ると，新卒採用を続ける限り，そもそも職業経験のない応募者を純粋なジョブ型として採用することには無理がある。これまでにメンバーシップ型で採用した大量の社員をある日突然「あなたはジョブ型雇用とします」ということも非現実的であろう。そのため，メンバーシップ型の雇用のデメリットを認識している企業でも，ジョブ型への移行は，段階的に，企業の実情に応じたものにならざるを得ない。日本的ジョブ型すなわち複線型人事制度のようなもの，または若年層はメンバーシップ型，一部の専門家と管理職層はジョブ型といったハイブリッド型または接ぎ木型人事制度といったものにならざるを得ない。

　日本的ジョブ型雇用がどのようなものになるのかについては，様々な議論があり，そのバリエーションもたくさん論じられているので，これらを参考にしていただきたい[3]。

　メンバーシップ型雇用は，日本企業に深く根差した慣行であり，ジョブ型雇用に移行すべきという結論に達しても，ある日突然，慣行を変えることは現実的ではない。これまで採用した社員をすべて一気にジョブ型に変えていくことはできないのである。日本企業で重要とされてきた，公平，均質，平等という人事における基本的な価値の維持にとってはマイナスかもしれない。しかし，現在の職場を振り返ってみると，正社員，契約社員，派遣社員，はては個人事業者，外部コンサルタントなどが同じフロアで，同じプロジェクトのために働いているところは多いのではないか。既存の社員と，新たに採用される社員との公平感を維持するのはむずかしいことかもしれないが，昨今，「ダイバーシティ」という言葉が叫ばれている。今後は，新しい意味でのダイバーシティが尊重されなければならない時代が来るものと思われる。

5 ジョブ型になると何が変わるのか

　メンバーシップ型雇用とジョブ型雇用，それぞれの特徴をまとめると次頁のような表になる。

　以下，ジョブ型雇用ではどのような点が変わるのかについて，さらに詳細に考察したい。

⑴　採　　用

　冒頭述べた通り，採用は，欠員が出た場合にのみ，ジョブを限定して（職務記述書により職務が明確にされて）行われ，必ずしも長期間の勤続を前提としていない。新卒の場合も，できる限りジョブを限定して，そのジョブや分野に関心の高い学生，通常はインターンや課外活動である程度その分野の経験を積んでいる学生を採用することになる。内定時には個々人ごとに，職種・勤務地・賃金等が定められ，雇用契約には，これらが会社の一存では変更されないことが明記される。

　採用に当たっては，使用者の「採用の自由」は諸外国に比べ幅広く認められ

図表6－1　メンバーシップ型とジョブ型

	メンバーシップ型	ジョブ型
個人と集団の関係	● メンバーとして属する集団の利害を強調できる ● 家庭より仕事を優先 ● 長時間残業 ● 年次休暇の消化率劣悪 ● 会社（組織）への帰属感大	● まずは個人・家庭の利害を考えなければならない ● 仕事より家庭 ● 残業は少なく休暇はすべて使う ● 会社より業界・職への帰属感大
人事	● 長期にわたる雇用関係を前提とした人事制度が普及（正社員は終身雇用的） ● 誰でも階段を上がれるチャンスがある	● 人材異動は日常的
給与	● 年齢・経験以外で給与に差をつけにくい（属人的給与）	● 職務（仕事）に応じた給与が基本
労働市場	● 内部労働市場と外部労働市場の2重構造 ＝＞新しい仕事も内部で対応 習熟に時間要 ＝＞正規・非正規の格差が生まれる	● 新しく必要な人材は外部市場での調達が基本 ● Workerは皆専門家
契約形態 仕事の分担・進め方	● メンバーシップ契約 「身分」なので仕事がなくなっても雇用は保証される ● 仕事の責任範囲・分担は不明確なところがある ● 各自場の空気を読み行動することが求められる ● 仕事は属人的 例外対応，個別対応が多い	● ジョブ契約 仕事がなくなれば雇用の保証はない ● 仕事の分担は明確 権限と責任も明確 ● 他人の領域を侵すことはタブー ● 仕事はマニュアル的 ● 全ては契約で成り立っている ● 暗黙の了解はありえず，すべてを文章に書いておく必要がある（ローコンテクスト文化）
異動・配転	● 会社の人事権は絶対	● 異動・配転には本人の同意が必須

出所）　著者作成。

ている。労基法第3条は「心情による差別的取り扱い」を禁止しているが，採用に関しては，判例によれば，思想信条に基づいた採用差別も一定程度の限度はあるが認められているのである。これは，メンバーシップ型雇用では，長期にわたり組織に適応できるかということを採用基準にすることをある程度容認しているからである。

(2)　異　　　動

　ほとんどの企業の就業規則には，「会社は，業務の都合により従業員に異動（配置転換・転勤・昇降級・職務変更）を命ずることがある。会社の従業員に対する異動命令に対し，当該従業員は正当な理由なく，これを拒むことはできない。」という趣旨の条文が記載されている。この条文が，会社の人事権を正当化した，メンバーシップ型雇用の重要な法的根拠となる。さらに就業規則には「会社は従業員に出向を命じることがある」という条文もあることが多く，これにより，関連企業への在籍出向は，もともと同意があったものとみなされる。在籍出向の場合ではメンバーシップは留保されるが，職種は変更になることもあり，出向元に必ず戻れるという保証もない。

　就業規則が上記のようにメンバーシップ型になっていても，雇用契約でジョブが限定されていれば，ジョブ型の雇用となる。なぜなら雇用契約の内容が就業規則の内容に優先すると考えられるからである。

(3)　仕事の分担

　採用時の契約でジョブが決まっているということは，別の見方をすれば，そのジョブ以外には職務権限がないということを意味する。メンバーシップ型雇用固有の慣行ではないかもしれないが，日本では伝統的に職務の定義があいまいで，メンバーは周りの状況に応じて柔軟に仕事をしていくのが通例であった。時には，あるジョブとあるジョブの境界的なジョブも臨機応変にこなしていくというやり方である。また他人の領域まで仕事をしてしまうことも，それほど大きな問題にはならなかった。しかし，ジョブ型の世界では，各人のジョブが

明確に限定されており，他人の領域を犯すということは，あってはならないこととされる。

(4)　解 雇 規 制

　一度採用した従業員を使用者の都合で解雇することは，アメリカ等の一部の国を除き，非常にむずかしいものであるといわれている。わが国でも，労働契約法に，判例法理を成文化した解雇権濫用法理なるものがあり，正社員として採用されたものは，手厚い保護を受けている。この解雇権濫用法理は，民法の「当事者が雇用の期間を定めなかったときは，各当事者は，いつでも解約の申入れをすることができる」という原則を修正するもので，会社の解雇権の行使が権利の濫用に当たらないためには，次の2つの要件を満たす必要がある。
（労契法第16条）
　(i)　解雇理由に客観的合理性があること
　(ii)　その行使に社会的相当性があること
　ここに挙げた労契法第16条の「客観的に合理的な理由」があり，「社会通念上相当である」とは具体的にどのような場合を意味するのかについては，条文には明文の規定はなく，法解釈論に委ねられているのが実情である。このことは，使用者にとっては，予測可能性の低さを意味し，解雇の有効無効の判断は相場感覚でしかない。いったん紛争になると時間とコストがかかり，また最終的な判断を司法権に丸投げしている結果，特に下級審においては，担当する裁判官により当たり外れも多いといわれている。裁判においても，有効無効のみが争点になり，諸外国にあるような金銭で解決するという制度は公には想定されていない。
　このように，大変厳しいとされるわが国の解雇規制であるが，雇用の形態すなわちメンバーシップ型かジョブ型であるかの違いについては，実は，裁判所の判断に一定の傾向を見ることができるのである。
　具体的には，次のような傾向がみられる。

(i)　メンバーシップ型（内部労働市場型）の人事労務管理を行う企業については，使用者が行った配転や出向が人事権の濫用にはあたらないとされるケースが多く，一方で，解雇にあたっては幅広く配転等の回避努力が使用者に求められ，解雇権の濫用とされる確率が高いという傾向にある。

(ii)　ジョブ型（外部労働市場型）の人事労務管理を行う企業においては，解雇にあたって，割増退職金などの退職パッケージが提供される場合がある。このような場合，使用者に対して，別の部署への配転等の解雇回避努力が求められる程度は，メンバーシップ型の人事労務管理を行う企業と比べて少ない。すなわち解雇権の濫用とされる確率が低い傾向にある。

　　もちろん，これは一般的な傾向であり，企業の実態により個別の判断が必要である。実務上は，個々の事案ごとに，経済や産業の情勢，使用者の経営状況や労務管理の状況等を考慮して，判断がなされることになる。

　整理解雇についても，これまで裁判所は，以下に挙げる4つの要素を，具体的に総合考慮して解雇権の濫用にあたるか否かの判断を行ってきた。

①　人員削減の必要性

②　解雇回避努力義務を尽くしたか

③　被解雇者選定の妥当性

④　手続の妥当性

このうち，人員削減の必要性については，最近では比較的企業の裁量を認める方向性がみられる。

　解雇は自由とされているアメリカのことはさておき，ヨーロッパでは当たり前のジョブ型雇用社会では，ジョブがなくなった場合の解雇は簡単なのであろうか。理屈で考えれば，メンバーシップ型の場合は，たとえジョブはなくなっても，メンバーシップすなわち会社でのいわゆる「籍」は残っているのに対して，ジョブ型では，そもそも「籍」という考え方がないので，解雇はしやすいように見える。しかしヨーロッパの多くの国では，短期的なジョブの減少，消失の際も厳しい手続き的規定4)があり，また雇用維持の公的なしくみも発達しており，簡単には解雇できないようになっている。日本の特徴を挙げるとす

ると，ジョブ型の雇用がそもそも少ないため，外部労働市場が未成熟で，再就職が簡単ではない点であろう。

　使用者の選択による雇用終了の類型として，有期契約労働者の雇止めという問題がある。DX推進事業の過程においては，どうしても事業の進め方はプロジェクト型にならざるを得ないだろう。こうした理由から，ジョブ型の専門職は有期契約で雇われることも増えてくる。有期契約労働者が，恒常的な業務に就く場合と違い，プロジェクトが終了した場合は，雇止めに対するハードルはそれほど高くないことが予測される。5年を超えて雇用されると無期契約に転換できるという労働契約法のきまりはあるが，IT分野の高度の専門職には，例外[5]があることも雇止めがし易いことの根拠となる。

⑸　試用期間の意味

　多くの企業では，新しい社員を採用すると数か月の試用期間が設けられる。この試用期間とは，法的にみると，新しく採用した社員が仕事に不適格であると認めたときは，それだけの理由で雇用を解約しうるという解約権留保特約のある雇用契約であるとされている。

　メンバーシップ型雇用の場合，そもそもまったくの未経験者を，ある職に就けることが多いため，最初は仕事ができないのは当たり前であり，仕事ができるようにさせる責任は企業にある。そこで，不適格であるかどうかは，仕事ができるかどうかではなく，覚える気があるかどうかといった勤務態度や，やる気の程度によって判断される。

　これに対し，ジョブ型雇用の場合は，空いたポジション，ジョブに人を当てはめるという発想なので，試用期間中にその仕事ができないと判断されると，理論的には解約権の行使が可能になる。

　理論的にはというのは，実際には，本採用の取り消しというのは日本ではそう簡単なことではないからである。

(6)　評 価 制 度

　一般的に，メンバーシップ型雇用での人事評価の目的は，1つは賃金・賞与・昇給などの処遇決定の根拠であり，もう1つは，企業戦略と従業員のベクトルを合わせ，組織目標の達成を効果的にすることが挙げられる。一方，ジョブ型雇用の場合の大きな特徴として，評価の対象は人（の能力）ではなく，ジョブ（職務）そのものとなる。上層の社員になると，業績や成果の評価もあるが，一般社員については，そのジョブができるかできないかの評価のみで，その程度についての評価は通常されないことが多い。メンバーシップ型雇用では，処遇は，メンバーとしての能力，やる気，成績などによって決定されるが，能力ややる気ついては，客観的な基準が定めにくく，メンバー間の「公平さ」を担保するということにエネルギーを使うことになる。昨今では多様な働き方を受け入れ，評価も多様な方式にならざるを得ないが，部分的にジョブ型雇用を採用するハイブリッド制度の場合も既存の社員との「公平性」は無視できない問題である。

　ある部門やある職種を完全に別コースの人材と位置づけ，高度の処遇をするということも考えられるが，日本の場合，同じ企業でそのような状態が続くと，モチベーションの低下につながることもあるだろう。1つの方法としては，完全に独立子会社を設立して，公平性という呪縛から解放されるという方法もある。

　いずれにしても，メンバーシップ型雇用とジョブ型雇用では，評価についての考え方が大きく変わってくることに注意したい。

(7)　報 酬 制 度

　メンバーシップ型雇用での報酬を決定する要素は，人である。これを属人的報酬制度と呼ぶ。これに対し，ジョブ型雇用では，人でなく，ジョブ（ポジション）に値段が付くことになり，賃金の決定にあたっては，ジョブの内容と，外部労働市場での水準が重要なファクターとなる。多くの企業で採用されてい

る職能等級制度や年功序列的な給与体系は，なじまないことに留意すべきである。また，報酬の決定もメンバーシップ型のように，人事部門が中央で行うのではなく，各事業部門で行うことになる。

　先に述べた通り，ジョブ（ポジション）に値段が付くので，人が変わっても基本的には報酬は変わらない。ただし，上層のマネジメント職では，事前にその役割や期待値を設定し，その達成度，貢献度により報酬に反映させることが多くなるであろう。

⑻　教育のありかた

　教育・人材育成は，本書のテーマの1つである人的資本投資の重要な要素である。メンバーシップ型雇用社会では，企業は学卒者には，卒業時に特定の仕事ができるかどうかはほとんど期待しないので，学校のほうも職業教育というものに関心がなくなる。学卒者に求められるのは，これから企業組織の中で長期にわたって，適応し，企業が求める仕事を何でもこなす，適応性の高い人材である。一方ジョブ型社会では，企業の求めるものは「即戦力」となるので，学校の方も職業教育というものに関心を持たざるを得なくなる。インターンシップの充実，人的資本投資として産業界との共同研究の実施や，共同講座の開設等にも力を入れる必要が出てくる。人的資本投資は，企業だけの責任ではなく，政府，自治体，学校，民間・公共訓練機関などが多面的に主体となって行うべきものとなる。

　内閣が主催する教育未来創造会議では，「我が国の未来をけん引する大学等と社会の在り方について　教育未来創造会議　第一次提言」という文書の中で，日本でデジタル人材が不足している状況の1つとして，「日本企業はOJTの水準は高いものの，それ以外の人材投資（GDP比）は，諸外国と比べても低調な状況にある。また，社外学習・自己啓発を行っていない個人の割合は半数近くで，諸外国が2割程度を下回っていることと比較すると高い状況にある」と指摘している。デジタル人材育成の政策の1つとしては，「大学等の機能強化，学びの支援の充実，学び直し（リカレント教育[6]）促進のための環境整備を産

学官が一体となって強力に推し進め，社会変革を促していく」ことを提言している。

https://www.cas.go.jp/jp/seisaku/kyouikumirai/teigen.html

　企業としても，DX推進のためには，従来の社員教育，OJTといった伝統的な育成手法を超え，全く新しい技術知識を社員に身に着けさせようという提言がある。これは，「リスキリング」と呼ばれる考え方で，従来の技術・知識の延長ではなく，技術・知識を「書き換える」というニュアンスがあり「今ない知識を身に着ける」という性格のものである。岸田首相が，2022年10月の臨時国会での所信表明演説で，「企業人のリスキリングの支援に5年間で1兆円を投じる」と表明し注目されている。

⑼　外国人労働者とジョブ型雇用

　高度DX人材は外国人労働者から調達することも多いであろう。外国人労働者の場合，日本で就労するためには，就労可能な在留資格を取得する必要がある。身分系といわれるものは別として，技能職以外を対象とした技術・人文・国際業務という在留資格があるが，これはまさにジョブ型といっていい。この技術・人文・国際業務という在留資格では，大学や大学院での専門の学位取得や，それに代わるレベルの専門知識やスキルを身につけていることが条件となり，労働条件，仕事の内容，学校の履修内容と職務内容の関連性などが労働条件通知書や雇用契約書をもとに厳格に審査される。このため，身分系資格以外では，外国人のメンバーシップ型での採用は，極めてむずかしいことになる。

⑽　究極のジョブ型働き方の1つとして，個人請負という働き方

　個人請負という働き方は，法的には「雇用」とは言えないが，究極のジョブ型の働き方の1つとして議論の的になっている。仕事が専門化・高度化すると，企業としては，自社組織にとりこんで細かい指揮命令をしながら働かせるよりも，働く者の自主性に任せ，成果だけを期待するということも可能となる。働

く側としても，組織への適応性や忠実性に気を遣う煩わしさがなくなり，ある意味では働きやすくなるといえる。個人請負については，セーフティネットの不十分さ，福利厚生・社会保険制度の貧弱さといった社会課題があるが，国もこれらの社会課題を受け止め解決の方向を模索している。個人請負という働き方は今後さらに普及していくことが予測される。個人請負については，現在のところ労働法による保護がほぼないので，今後の立法による保護の充実が望まれる。

6　おわりに

(1)　経営者にとってのジョブ型の意味

　本書のテーマであるDX推進に対応していくためには，必然的にジョブ型を意識した雇用を取り入れる必要があることは明らかだろう。ただ，今の従業員を一挙にジョブ型に全面移行することはできないし，メンバーシップ型のメリットももちろんある。会社の置かれている現状をよく分析し，できるところから手を付けていくというアプローチが必要であろう。

(2)　働く者にとってのジョブ型の意味

　現在の会社がメンバーシップ型でも，ジョブ型雇用へのシフトというトレンドに備え，常に自分のキャリアと市場価値を意識することが重要である。事務作業でも，RPA（Robotic Process Automation）やAIにより人間の労働の多くが代替されようとしている今，「人間に求められるのは，やはり頭脳労働である」という日が来るであろう。今の置かれた状況を踏まえ，自らの専門性，市場価値を高めていくことが重要となって来る。エンプロイアビリティという言葉があるが，これは，「職場に雇用されるための能力」，「継続して雇用される能力」，「環境の変化に合わせて異動や他社への転職ができる能力」のことを指す。会社から与えられるキャリアだけに頼らず，自分から興味のある分野を絞り，エンプロイアビリティを高めていくという努力も必要であろう。

【脚　注】

1) 「持続的な企業価値の向上と人的資本に関する研究会報告書（人材版伊藤レポート）」令和2年9月　経済産業省　15ページ，https://www.meti.go.jp/shingikai/economy/kigyo_kachi_kojo/pdf/20200930_1.pdf。

2) 中根千枝著『タテ社会の人間関係』講談社現代新書。

3) 柴田彰・加藤守和著（2021）『ジョブ型人事制度の教科書』日本能率協会マネジメントセンター。

4) 例として，EU加盟国のフランスでは10人以上の整理解雇を行う場合，「真実かつ重大な理由」が必要で，ワークカウンシルWork Councilと2か月以上の期間協議のうえ，その意見を聞き，労働局の承認を得てから手続きを進めていかねばならない。

5) 無期転換の例外　高度専門職の特例（有期雇用特別措置法第8条）
適切な雇用管理に関する計画を作成し，都道府県労働局長の認定を受けた事業主に雇用され，高収入（年収1,075万円以上）で，かつ高度の専門的知識等を有し，その高度の専門的知識等を必要とし，5年を超える一定の期間内に完了する業務（特定有期業務。以下「プロジェクト」）に従事する有期雇用労働者（高度専門職）については，そのプロジェクトに従事している期間は，10年を上限として無期転換申込権が発生しない。

6) リカレント教育（recurrent education）
学校教育からいったん離れたあとも，それぞれのタイミングで学び直し，仕事で求められる能力を磨き続けていくことがますます重要になっている。このための社会人の学びをリカレント教育と呼んでおり，厚生労働省では，経済産業省・文部科学省等と連携して，学び直しのきっかけともなるキャリア相談や学びにかかる費用の支援などに取り組んでいる。（厚労省サイト参照），https://www.mhlw.go.jp/stf/newpage_18817.html。

（参考文献）

経済産業省「人材版伊藤レポート」令和2年9月　https://www.meti.go.jp/shingikai/economy/kigyo_kachi_kojo/pdf/20200930_1.pdf。

経済産業省「人材版伊藤レポート2.0」令和4年5月　https://www.meti.go.jp/policy/economy/jinteki_shihon/pdf/report2.0.pdf。

東京圏雇用労働相談センター（TECC）「雇用指針」　https://t-ecc.jp/wp-content/themes/tecc/data/j3.pdf。

フレッシュフィールズブルックハウスデリンガー法律事務所編（2016）『よくわかる世界の労働法』商事法務。

（倉田　哲郎）

第Ⅲ部

統合報告書と価値創造ストーリー

第7章

企業の非財務情報と価値創造ストーリー
—機関投資家の動向を中心に—

1　はじめに

　2021年のコーポレートガバナンス・コード改訂において，持続可能性に関する事項が強調され，気候変動リスクやダイバーシティ＆インクルージョンに関心が高まっている。環境問題については，同年11月のCOP 26を契機に，これまで消極的な姿勢を見せていた米国も，バイデン政下のもと環境関連情報の開示に向けて取り組み始めた。

　日本やEUを含む120か国以上が，2050年までにカーボンニュートラルを目指し，日本は，30年間の中間目標として，2013年比でCO_2排出量を46％削減することを掲げている。日本は一次エネルギー供給の約90％，発電量の約75％を化石燃料に依存しており（温室効果ガス排出量の約85％はエネルギー起源CO_2），脱炭素社会の実現には，エネルギー，建物，インフラ（交通を含む），産業などあらゆる分野で急速かつ大幅な変化と転換が必要となる。化石燃料に依存し続けることは，カーボンニュートラルという目標を達成する上で大きな課題となり，国内外の投資家も日本企業の姿勢に高い関心を示している。

　また，日本のジェンダーギャップ指数が，依然として世界でも最も低いレベルであることが示すように，ダイバーシティ＆インクルージョンについては，環境問題より深刻である。国内外の機関投資家は，日本企業の気候変動リスクへの対応やD＆Iへの取り組み状況，および開示に注目をしており，議決権行

使やエンゲージメントでも重要なテーマとなっている。このように，企業と投資家とのESGに関するエンゲージメントが進む中で，企業の統合報告書や統合レポートの重要性はますます高まり，企業の非財務資本と企業価値の関連性に注目が集まっている。本章においては，まず機関投資家の環境や社会関連の議決権行使状況，企業の非財務情報開示基準に焦点をあて，近年の動向を明らかにする。そのうえで，エーザイの統合報告書を事例に取り上げ，非財務情報の開示と価値創造ストーリーを考察する。

② 非財務情報の開示を求め得る投資家の声

　2022年8月に公表された経済産業省『伊藤レポート3.0』は，企業と社会のサステナビリティについて下記のように提言している。

　「『SX（サステナビリティ・トランスフォーメーション）』とは，社会のサステナビリティと企業のサステナビリティを『同期化』させていくこと，及びそのために必要な経営・事業変革（トランスフォーメーション）を指す[1)]」

　同レポートによれば，社会のサステナビリティと企業のサステナビリティの同期化とは，企業が社会の持続可能性に資する長期的な価値提供を行うことを通じて，社会の持続可能性の向上を図るとともに，自社の長期的かつ持続的に成長原資を生み出す力（稼ぐ力）の向上と更なる価値創出へとつなげていくことを意味する。「SX」は企業による努力のみでは達成されない。「SX」の実現のためには，企業，投資家，取引先など，インベストメントチェーンに関わる様々なプレイヤーが，持続可能な社会の構築に対する要請を踏まえ，長期の時間軸における企業経営の在り方について建設的・実質的な対話を行い，それを磨き上げていくことが必要となる。

　このように今日の企業は，投資家を含む様々なステークホルダーと企業とのエンゲージメントが求められている。企業はSXの実現に向けた強靭な価値創造ストーリーの協創と，その実装が期待されているのである。次節では，機関投資家の環境・社会問題に対する議決権行使状況を概観する。

3　機関投資家の動向

(1)　環境問題に関する投資家などの動き

　まず，気候変動リスクとダイバーシティ＆インクルージョン（D&I）に関する国内外の機関投資家および企業の動向について検討する。2021年は，石油メジャーに脱炭素の大きな圧力が強まった。米エクソン・モービル社には，環境アクティビスト，エンジン・ナンバーワンが推薦した2人が取締役に選任された。エンジン・ナンバーワンの持ち株比率は0.02％であったが，カルパースやカルスターズなどのアセットオーナーなどの賛同が後押しをした。また，米NPOアズ・ユー・ソーは，GEに対して2050年までにカーボンニュートラルを達成する計画策定に関する株主提案を提出し，98％の賛成を得た。この背景には，ブラックロック，バンガードグループ，ステートストリートなどのアセットマネージャーが賛成したことがある。その他，リオ・ティント，デュポン，フィリップス66，コノコ・フィリップスへの環境関連株主提案は過半数以上の賛成を得た[2]。さらに，オランダのロイヤルダッチシェルに対して，複数の環境保護団体が，同社の気候変動対策の不十分さとそれに基づく人権侵害を訴えていたところ，2021年にオランダのハーグ地方裁判所は，同社のGHG排出削減目標が，具体性に乏しく拘束力もないとし，2019年比でGHG排出量を45％削減するように命じた。このような司法の判断は，世界でも初めてであり，今後投資家の動きもますます強まっていくことが予想される。

　国内の資産運用会社も議決権行使とエンゲージメントで，GHG排出量，削減目標などの開示を要請する方針を示している。三井住友DSアセットマネジメントは，2022年1月より，気候変動や環境・社会に関する情報開示が不足し，エンゲージメントで改善が見られなかった場合に取締役選任議案に反対する方針である。同社は，気候変動関連株主提案には適切と判断できる場合賛成の方針を示している。三井住友トラスト・アセットは，GHG排出量の多い企業に対して，削減目標などの開示がない場合，取締役選任に反対の方針であり，ア

セットマネジメントOneは，TCDFの情報開示を企業に求め，気候変動関連の株主提案には原則賛成の方針である。野村アセットマネジメントは，「エンゲージメント推進室」を設け，財務・非財務面から積極的にエンゲージメントを行っていく方針を示し，対話で改善しない場合，取締役選任議案に反対する方針である。野村アセットマネジメントや三井住友トラスト・アセットマネジメントなど，投融資先のGHG排出量の実質ゼロを目指す金融機関の融資連合"GFANZ"に加盟しており[3]，このような観点からも国内機関投資家の気候変動リスクに関する圧力はさらに高まっていくであろう。

⑵　D＆Iに関する投資家などの動き[4]

　ボードジェンダーダイバーシティについては，日本は欧米に比べて大きく遅れている。2021年において，米国では取締役会における女性比率は約2割であるが，クォータ制を採用している欧州は約4割，日本の同比率は1割にも満たない状況である。

　米国NASDAQでは，2021年に主要上場企業に対して，取締役会のうち2名以上を「多様」要件を満たすものから選任するという新たな規制が設けられた。多様なメンバーとは，1名は「女性」を自認する個人，もう1名は過小評価されている社会的マイノリティーまたはLGBTQを自認する個人と規定された。この2名以上の「多様な」取締役を選任しない企業は，その理由を説明する必要がある。

　運用機関ではフィデリティ・インターナショナルが，先進国市場において，取締役会の女性比率が3割以下，ジェンダー発展途上市場においては，同比率が15％以下の場合，役員選任議案に反対する方針を示している。アライアンス・バーンスタインは，取締役会が女性ゼロで，任命もしようとしない場合は経営トップの選任議案に反対，ステートストリートは，TOPIX 500企業で女性取締役ゼロの場合に取締役上位3人の選任議案に反対の方針を示している。

　議決権行使助言会社のISSは，2022年の議決権行使基準に，女性取締役が不在の場合には，経営トップの取締役選任議案に反対投票が推奨する方針を出し

た。またグラスルイスは，2022年の議決権行使基準の方針に，全ての上場企業に対して，女性役員を1名求めること，2023年方針では，プライム市場以外の上場企業：女性役員を1名，プライム市場上場企業：取締役会に10％の女性取締役を求める方針を示している。

④　企業の非財務情報開示状況と開示基準

このように機関投資家やステークホルダーからのサステナビリティへの関心が高まる中，企業はこれらの要請にこたえるだけでなく，企業価値創造に大きく寄与するという観点から，様々な非財務情報の開示に取り組む必要がある。投資家の具体的関心事項は下記の通りである[5]。

・　企業が価値創造を維持するための長期戦略の策定方法
・　市場における企業のレピュテーション
・　企業のサプライチェーンにおける行動規範の保有とその監視の有無
・　企業と主要なステークホルダーとの関係
・　企業の収益の獲得方法，すなわち社会や環境に対する影響の有無
・　企業が社会や環境への影響が存在する領域における推進方法
・　企業が社会や環境に及ぼす負の影響とこれらを排除して改善していく方法
・　コーポレートガバナンスの質
・　企業のリスクマネジメントの質
・　企業において内部統制が適正かつ効率的に機能していること

以上が投資家が開示要求する主な非財務情報であるが，現状は統一した開示様式・方法がないため，企業は様々な様式で各企業が様々な基準で開示を行っている。

(1)　気候変動関連開示状況

サステナビリティ課題の中でも，気候変動に関する開示は比較的進んでいる。各企業は，統合報告書はサステナビリティ報告書，または自社のHP等で気候

変動に関する目標や方針について公表している。KPMGジャパンが実施した「日本の企業報告に関する調査2021[6]」によれば，日経225企業のうち87％が，温室効果ガス排出量削減目標を公表している。また，気候変動財務情報開示タスクフォース（TCFD）に賛同する企業数は，2023年2月14日現在で世界全体で5,000を超える機関があり，そのうち日本の賛同機関数は1,211ともっとも多い[7]。これらの賛同機関は，TCFD提言の4領域（ガバナンス・戦略・リスク管理・指標及び目標），11項目の開示を行っている。2022年4月以降，東証プライム市場上場企業はTCFD提言に基づく開示が求められている。

　TCFD提言の内容は，国際サステナビリティ基準審議会（ISSB審議会）による基準案，SEC規制案，日本の金融庁のディスクロージャーワーキング・グループ報告などに大きな影響を与え，その内容をもとに各国においてサステナビリティ関連情報開示に関する法規制策定が進んでいる[8]。

　米国SECは，2022年3月21日に気候関連開示規則（案）を公表し，気候関連開示に関する提案[9]を公表した。この提案は，SEC登録企業に対して，事業，経営パフォーマンス，財務状況に重大な影響を及ぼす可能性が合理的に高い気候関連リスクに関する情報を提供することを求めるものである。これは当該企業に対して，取締役会及び経営陣による，気候変動リスクに対する執行と監督の状況，企業が特定した気候変動リスクが，短期・中期・長期のいずれにおいても，事業や連結財務諸表にどのような重要な影響を与えたか，もしくは与える可能性があるかなどに関する情報開示が求められる。

　IFRS財団・ISSB審議会は，2022年3月31日に，IFRS1号（案）「サステナビリティ関連財務情報の開示に関する全般的要求事項」及びIFRS2号（案）「気候関連開示」を公表した。またEUでは，EFRAG（The European Financial Reporting Advisory Group）が2022年4月29日に，13項目のサステナビリティ報告基準（案）を公表した。日本の金融庁も2022年6月13日に，ディスクロージャーワーキング・グループ（DWS）スクロージャーワーキング・グループ報告」を公表するなど，2022年には基準の統一化の動きが加速した。DWS報告においては，有価証券報告書において，サステナビリティ情報一体的に提供

する枠組みして，独立した「記載欄」を創設することなどが盛り込まれた。人的資本ついては「人材育成方針」，「社内環境整備方針」，多様性については「男女間賃金格差」，「女性管理職比率」，「男性育児休業取得率」などが記載項目に追加された[10]。

　一方，企業も非財務情報と企業価値について，その中長期的な効果を実証しようとする努力をしている。次節ではエーザイの『価値創造レポート』をもとに，非財務関連情報と企業価値に関する開示を取り上げる。

⑤　非財務関連事項と企業価値創造 —エーザイの取り組み—

　エーザイの前柳CFOは，ESGの取り組みがどれだけ企業価値の上昇につながっているかについて，その効果を実証的に分析し，2020年の「統合報告書」で，実証分析結果を掲載した。

　エーザイの場合，人件費や研究開発費，女性管理職比率を高めると，数年後のPBR上昇につながっていることが実証研究により明らかにされた[11]。この分析手法を用いて，KDDIは，温室効果ガスの削減が6年後のPBR向上につながること，NECは，従業員の研修日数と企業価値向上の正の相関を示している[12]。

　日清食品の場合，同様の分析を行い，研究開発費の上昇やCO_2削減とPBRの正の関係を実証し，さらに創業者精神に基づく日清食品の活動が，定性面に加えて定量データに基づく分析の側面からも企業価値向上につながることが明らかにしている[13]。

　エーザイの『2021年価値創造レポート（旧統合統合書）[14]』においては，従業員インパクト会計に基づく開示がなされた。同開示内容においては，エーザイは2019年に358億円の給与総額を支払い，そのうち269億円，「正の社会的インパクト創出」として認識されている（図表7－1）。つまり，エーザイの人財投資効率は75％であり，米国の主要企業と比べてもトップグループに入る（図表7－2）。このような研究手法は，ハーバード大学・ビジネス・スクールの

セラフェイム教授らが主導するインパクト加重会計イニシアティブ（IWAI）
が元になっている[15]。IWAIでは，ESG事項の売上高に与える影響について，
「製品インパクト」，環境負荷・コストを売上原価に反映される「環境インパ
クト」，そして損益計算書の従業員関連支出や社会的価値の影響を「従業員イ
ンパクト」として米国企業を中心に実証分析を行っている。エーザイの従業員
インパクト会計は日本企業としては初の試みである。

　さらにエーザイは2022年度の『価値創造レポート[16]』において，2014年か
ら2018年に提供した顧みられない熱帯病克服のために25か国に無償提供した
DEC錠16億錠のインパクト加重会計を公表した。同錠の無償提供が，生涯に
わたる労働時間，医療費削減などにより7兆円の価値創造をもたらしたとする
ものである[17]。もちろんこの数字は単年度の企業会計に影響をもたらすもの
ではないが，企業自らが，非財務関連事項と企業価値との中期的な関連を実証
しており，中長期の企業戦略策定の開示手段として統合報告書を利用する良い

図表7-1　エーザイの従業員インパクト会計

エーザイの従業員インパクト会計（単体）				（単位：円）
年度	2019			
従業員数	3,207			
売上収益[*1]	2,469			
EBITDA[*1]	611			
給与合計	358			
従業員へのインパクト	インパクト	EBITDA(%)	売上収益(%)	給与(%)
賃金の質[*2]	343	55.99%	13.87%	95.83%
従業員の機会[*3]	(7)	-1.17%	-0.29%	-2.00%
小計	335	54.82%	13.59%	93.83%
労働者のコミュニティへのインパクト				
ダイバーシティ[*4]	(78)	-12.70%	-3.15%	-21.73%
地域社会への貢献[*5]	11	1.81%	0.45%	3.09%
小計	(67)	-10.89%	-2.70%	-18.64%
Total Impact	269	43.93%	10.89%	75.19%

＊1　売上収益・EBITDAはセグメント情報から一定の前提で按分
＊2　限界効用・男女賃金差調整後
＊3　昇格昇給の男女差調整後
＊4　人口比の男女人員差調整後
＊5　地域失業率×従業員数×（年収－最低保障）

図表 7 − 2　エーザイの従業員インパクトの他社比較

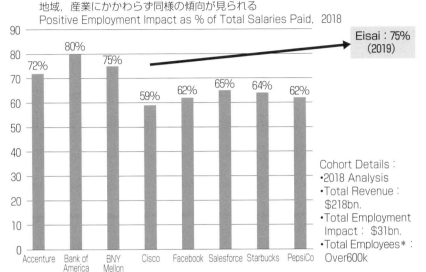

地域，産業にかかわらず同様の傾向が見られる
Positive Employment Impact as % of Total Salaries Paid, 2018

Note : Due to insufficient data, certain analyses were excluded from this company cohort that are important to understanding organizational employment impact. These dimensions are illuminated in "Accounting for Organizational Empolyment Impact" (Freiberg et al, 2020), and include : Wage Equity, Career Advancement, Safety, Culture, and Workplace Wellness.
＊Number of employees as reported in company-filed EEO-1 disclosure. All employees assumed to be Full Time. Future analyses will incorporate Part Time and supply chain workers to depict more comprehensive workforce.
＊＊ EBIT is used in place of EBITDA for Bank of America and BNY Mellon.

出所）　エーザイ『価値創造レポート2021』，59ページ。

事例といえる。

　近年，機関投資家も人的資本に関する情報を非常に重視している。統合報告書の発行企業で女性管理職の登用目標などについて開示したのは382社と統合報告書作成企業の過半数を超え，また従業員の研修体系を示したのは246社であった[18]。今後は統合報告書やレポートにおいて非財務情報に関する開示がさらに進むと思われるが，重要なことはただ開示するだけではなく，様々なステークホルダーズの情報を取集し，企業価値との関連性を示すことで，長期的に深化したエンゲージメントを行っていくことである。つまり，統合報告書の

作成目的は，情報ギャップの解消と信頼性の確保の向上という情報開示のみならず，長期的な経営戦略策定に関するエンゲージメントという視点が必要であろう[19]。

6　おわりに

　企業が社会と環境に与える影響を財務報告に結び付けるべきであるという趣旨のもとに，英国チャールズ国王（当時は皇太子）は，「少なくとも20世紀の意思決定・報告システムで21世紀の課題に立ち向かうことのないように」とA4S（Accounting For Sustainability）というプロジェクトを2004年に立ち上げた。A4Sの目的は，レジリエントなビジネスモデルと持続可能な経済への根本的な転換を促すために，ファイナンスリーダーの行動を喚起することである。そのために，(1)持続可能で強靭なビジネスモデルを採用するよう，ファイナンスリーダーを鼓舞する，(2)環境・社会問題がもたらす機会とリスクを反映した統合的なアプローチを可能にするため，財務上の意思決定を変革する，(3)グローバルな財務・会計コミュニティにおける行動を拡大することを目的としている。

　その後，2006年の国連のPRI（Principle of Responsible Investment）の公表により，機関投資家の非財務情報重視の姿勢は加速化した。2022年３月時点の署名機関の数は世界全体で4902，直近の資産運用残高は計121兆3,000億ドル（約１京5,700兆円）となった。こうした変化を受けて，機関投資家の企業評価に非財務情報を取り入れる投資手法，ESG投資が拡大している。本章では昨今の機関投資家の環境と社会関連の議決権行使基準の変化，非財務情報開示に関する規制の各国の動向を概観し，企業の取り組みとしてエーザイの事例を紹介した。現代企業にとって非財務情報の開示は必須であり，自社の強みを活かした価値創造ストーリーの展開をする必要があろう。

【脚　注】

1)　「伊藤レポート3.0（SX版伊藤レポート）」・「価値協創ガイダンス2.0」を取りまとめました（METI／経済産業省）。https://www.meti.go.jp/press/2022/08/20220831004/20220831004.html

2)　日本経済新聞「石油メジャーに脱炭素の圧力　市場・司法が変革を促す」，2021年5月27日。

3)　日本経済新聞「取締役選任，脱炭素に消極的ならNO　国内運用会社」，2021年1月6日。

4)　出所についての詳細は，三和裕美子（2022）「機関投資家のエンゲージメントと企業の価値創造」，『Disclosure&IR』，Vol. 21，を参照されたい。

5)　マーヴィン・キング『SDGs・ESGを導くCVO』，54ページ。

6)　日本の企業報告に関する調査2021－KPMGジャパン（home.kpmg）。

7)　TCFDホームページ　https://www.fsb-tcfd.org/supporters/

8)　辻野幸子（2022）「サステナビリティ関連情報の開示の拡充―動向と留意点」，『Disclosure&IR』，Vol. 22，95ページ。

9)　"The Enhancement and Standardization of Climate-Related Disclosures for Investors-Release Nos. 33-11042，34-94478."

10)　田井中克之（2022）「金融審議会ディスクロージャーワーキング・グループ報告が示すサステナビリティ開示の義務化の方向性」，『Disclosure&IR』，Vol. 22，9ページ。

11)　エーザイ株式会社「2021年価値創造レポート」

　　柳良平（2021）「ESG会計の価値提案と開示」『月刊資本市場』No. 428，36－45ページ。

　　柳良平・杉森州平（2022）「知的資本のPBRへの遅延浸透効果：『アスタミューゼスコア』と『柳モデル』の応用」『月刊資本市場』No. 438，46ページ。

12)　「10年後『稼ぐ力』の上手な示し方」週刊東洋経済，2022年1月22日。

13)　日清食品株式会社「2021年Value Report（統合報告書）」。https://www.nissin.com/jp/ir/library/annual/（2022年2月23日取得）。

14)　エーザイ『価値創造レポート2021』，59ページ。

　　柳良平（2021）「従業員インパクト会計の統合報告書での開示」『月刊資本市場』No. 223，9月号，24－34ページ。

15)　Serafeim, George&Katie Trinh，"A Framework for Product Impact-Weighted Accounts"，Harvard Business School，*Working Paper*，20-076，https://www.hbs.edu/impact-weighted-accounts/Documents/Preliminary-Framework-for-Product-Impact-Weighted-Accounts.pdf（2022年3月1日取得）。

16)　エーザイ株式会社「2022年価値創造レポート」。

17)　柳良平・デイビッド・フリーバーグ（2022）「顧みられない熱帯病治療薬無償配布のESG会計」『月刊資本市場』No. 445，38－49ページ。

18)　日本経済新聞「人への投資開示広がる」，2022年3月24日。

19)　伊藤和憲（2016）「統合報告書に基づく価値創造プロセスの比較研究」『専修大学

商学論集』，103号，19－37ページ。

（三和　裕美子）

第8章

無形資産における人的価値

1　なぜ人的資本なのか

　企業経営における無形資産の役割はますます重要になってきている。日米の先行研究の多くは，無形資産が価値創造の源泉であることや，企業業績向上に寄与できることを，理論的・実証的に証明している[1]。また，産業構造の変化や技術進歩により，企業のビジネスモデルの重心が有形資産から無形資産に移行しつつある。こうした中，「ヒトの成長＝企業の成長」という考え方が強まってきており，企業価値の源泉を人材と見なす「人的資本経営」への関心が高まってきている。加えて，2021年に岸田政権が提起した「新しい資本主義」の柱として，人的資本の強化についての議論が行われている。さらに，日本政府による人的資本情報の開示ルールづくりは，機関投資家が投資判断で人的資本や人材戦略を重視する企業を選別する動きを後押ししている。このような背景の下，企業の報告書の作成において，人材への投資を価値創造に結びつけるシナリオが求められるようになってきた。

　本章ではまず，人的資本経営が求められた背景を概観し，無形資産における人材の価値について知識創造理論を用いて説明する。そのうえ，人的資本への投資と企業価値の関係性を考察し，企業の取り組みに際しての課題を議論し，対策を論じる。

2　人的資本経営と人的価値

(1)　人的資本経営が求められた背景

①　経営視点の変化：株主価値経営への反省

　人的資本は従業員，または従業員が持つ知識や技能を指している。近年では，欧米を中心に従業員を「付加価値を生み出す資本」と捉える動きが広がり，財務情報だけで測れない企業の本質的な価値をみる材料とされている。

　ではなぜ人的資本経営が注目され始めたのか。2008年のリーマンショック以降，株主価値のみを追及する株主価値経営への批判が強まったことが背景の1つとなっている。財務的指標を重視し，株主利益のみを追求する経営ではなく，非財務的価値を検討し，全てのステークホルダーに配慮する経営が求められるようになってきた。その中，IIRC（International Integrated Reporting Council：国際統合報告評議会2)）は，非財務的情報の重要性を言及し，非財務的情報も含む統合報告書のガイドラインの策定に向けた動きを加速させた。主な活動として，企業のこれまでの業績などの財務情報だけでなく，企業が環境保全や地域貢献にどのくらい貢献しているかという非財務情報もまとめた情報公開のフレームワークである「統合報告（Integrated reporting)」の開発・促進を行っている。

　図表8-1に示されているように，IIRCが公表している国際統合フレームワークでは，資本は財務資本，製造資本，知的資本，人的資本，社会・関係資

図表8-1　企業価値と「6つの資本」

企業価値					
財務資本	製造資本	知的資本	人的資本	社会・関係資本	自然資本
・株式，借入寄附など	・建物，設備など	・特許権，著作権，ブランド，ノウハウなど	・従業員の能力，経験，イノベーションへの意欲など	・多様なステークホルダーとの関係，情報を共有する能力など	・再生可能および再生不可能な環境資源およびプロセスなど

出所）　IIRC国際統合フレームワーク。

本，自然資本という 6 つに分類されている。これらのうち，財務資本を除いた 5 つの資本が非財務資本としてみなされている。

　加えて，ESG 投資の文脈から，投資家から非財務情報の開示や質の高い統合報告書の作成を要求するようになってきた。企業にかかわる環境（E）・社会（S）・ガバナンス（G）要素の内，「経営理念・ビジョン」，「人の資源の有効活用・人材育成」を重視する投資家の割合が高い[3]。人材や IT などの企業の無形固定資産への投資が，機関投資家の投資判断の重要な要素になってきている。

　さらに，2015 年に採択された持続可能な開発目標（SDGs）では，バリューチェーン全体において，「17 目標」にどのように取り組むかを反映して，企業が「パーパス（存在意義）[4]」を策定しているというものが重要になってきている。このパーパスは社会と価値を共創し持続的に成長するための指針とされている。「パーパス」実現に向けて，事業会社ごとの成果指標や目標値の設定が行われているが，一般に「環境・健康・従業員」の 3 つの視点から非財務指標を設定している。とりわけ，従業員が幸せに働くために必要な条件に注目し，従業員エンゲージメントを介して価値創造で新たな視点を構築する取り組みが行われる。具体的には，子育て支援制度の充実，教育，職場訓練，働き方の多様化（移住，ワーケーションなど），健康マネジメント，職場安全性などの取り組みで従業員エンゲージメントの向上を図ろうとしている。

② 　外部環境の変化：情報通信技術の進歩と産業構造の変化

　また冒頭でも述べたように，産業構造の変化や技術進歩により，企業のビジネスモデルの重心が有形資産から無形資産に移行しつつある[5]。さらに，2019 年に発生したコロナ感染症は人の移動を制限し（外出自粛など），リモートワークやリモート授業を強いられた。この影響を受けて，これまで実体店舗運営を中心とした産業がビジネスモデルのデジタル化を推し進めていった。そして，無形資産の価値最大化において人材が中核的な役割を果たしている。

(2)　無形資産と人的価値

　無形資産による利益創出は近年に始まった事象ではなく，17世紀初頭に遡って確認できる[6]。近年では，企業価値に占める無形資産の割合について，1975年では17％だったものが，2020年では90％と大幅上昇した[7]。

　では無形資産と人的価値とはどのような関連性があるのか。技術やノウハウの獲得を目的としたM&Aを検討してみよう。M&Aを実施した後，買収側企業は被買収側の資産や負債を時価で引継ぎ，貸借対照表に計上する。しかしながら，M&Aを通じて獲得した経営資源が持続可能な経営や，企業価値の向上につながるかは明らかにされていないのである。すなわち，貸借対照表では１無形資産＋１無形資産＝２無形資産になるが，１無形資産＋１無形資産≠企業価値の上昇ということもありうる。なぜなら，後述するように無形資産による価値創出は「ヒト」に依存し，「ヒト」の働きによってその額が変動するからである。

図表 8 − 2　知識創造プロセスと「SECIモデル」

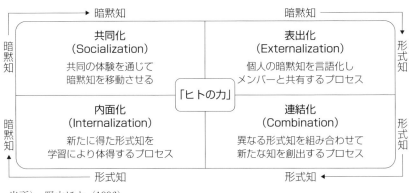

出所）　野中ほか（1996）。

　図表 8 − 2 は野中ほか（1996）が提唱した知識創造理論に基づく知識創造サイクルを現したものである。同理論では知識を，主観的で言語化しにくい「暗黙知」と，言語化できる「形式知」の２種類に分類したのである。「SECIモデ

ル」は，暗黙知と形式知を繰り返し相互変換することにより組織的にイノベーションを起こす知識創造理論のコアとなるフレームワークであり，知識創造を4つのフェーズで捉えている。「ヒト」が他者と直接経験を共有し，暗黙知を蓄積する「共同化（Socialization）」，対話などを通じて個人間の暗黙知を概念や図像などの形式知に変換する「表出化（Externalization）」，集団レベルの形式知を組織レベルで組み合わせてモデルや物語に体系化する「連結化（Combination）」，形式知の実践を通じて，新たな暗黙知を生成する「内面化（Internalization）」の4つである（野中ほか，1996）。図表8－2に示されるように，知識やノウハウを軸とした無形資産は「ヒト」に依存しており，知識の共有や伝達も「ヒト」介して行われている。これらの知識やノウハウを持つ従業員（「ヒト」）が不在の場合，利益の実現が難しくなる。このように，無形資産における人的価値が重要である。したがって，人的資本投資によって，従業員への教育や訓練などで蓄積されたものが，生産性向上やイノベーション創出につながると言えよう。そして，その価値を最大限に引き出すことで，中長期的な企業価値向上につなげるものとされている[8]。

③ 人的資本投資と企業価値

⑴　人的資本投資に対する従来の考え方

　これまで人的資本への投資は人件費や研修費として位置づけられているため，「人件費や研修費などは損益計算書の上では利益を押し下げるコスト」としてとらえられてきた。とくに，株主価値重視の時代では，株主価値の最大化を図ろうと，様々なコスト削減策が講じられてきた。その中，経営コストに大きな割合を占める人件費を削減しようと様々な施策が実施されてきた。例えば，リストラクチャリングを行い，人手不足の時にアウトソーシングを利用すれば，人材の採用・教育にかかる費用をカットできるという考え方の下，正規雇用から非正規雇用への置き換えが進んでいた。

⑵　パーパス経営における人的資本投資

　賃上げやリスキリング[9] など人的投資を拡大し，優秀な人材の確保や育成を通じて企業価値を高める動きが欧米企業を中心に広がっている。日本でも人的資本が経営の注目テーマとなり，岸田文雄首相はリスキリング関連に５年で１兆円を投じると表明した。どの会社も人的資本の熟知が今後の経営の核になり，従業員が気分よく能力を発揮することで生まれる創造性をぬきに，企業の成長は望めないという環境になってきた。

　前述した通り従来では人的資本への投資を「利益を押し下げるコスト」として取り扱われてきた。パーパス経営における人的資本投資では従業員にかかる出費を「労働環境の充実や優秀な人材の採用・育成を通じて企業の付加価値を高める資本」と捉える（図表８－３参照）。

図表８－３　人的資本への投資と企業価値向上の関係図

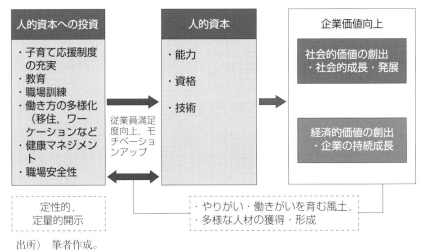

出所）　筆者作成。

　図表８－３に示されているように，具体的には，子育て支援制度の充実，教育，職場訓練，働き方の多様化（移住，ワーケーションなど），健康マネジメント，職場安全性などの取り組みで，従業員満足度やモチベーションの向上を

図ろうとしており，このような取り組みで企業の人的資本を蓄積し，企業価値
向上につなげられるものとされている。実際には待遇や福利厚生の改善が従業
員のモチベーションアップ，生産性向上やイノベーション創出につながるこ
と10)，従業員満足度の向上が業績向上につながること11) は多くの研究で言及
されてきた。

　例えば，人的資本に積極的投資しているエーザイ株式会社ではESGインデッ
クスを策定し，2011年より従業員への投資を項目ごと細かく表示し，数値化し
ている。それだけでなく，従業員への投資が業績との関係性も明確に表記して
いる。図表8－4のように，同社は生産活動関わる人件費（人的資本）を売上
総利益に足し戻しESG売上総利益を算出し，研究活動そして営業活動に関わ

図表8－4　エーザイ株式会社　ESG Value-based損益計算書

（単位：億円）

	2016年度	2017年度	2018年度	2019年度	2020年度	2021年度予想
売上収益	5,391	6,001	6,428	6,956	6,459	7,010
売上原価	1,959	2,013	1,845	1,757	1,613	1,580
うち生産活動に関わる人件費（人的資本）	129	129	136	142	142	
従来の売上総利益	3,432	3,988	4,583	5,199	4,846	5,430
ESG売上利益	3,561	4,117	4,719	5,341	4,988	
研究開発費	1,125	1,396	1,448	1,401	1,503	1,590
研究開発費知的資本	1,125	1,396	1,448	1,401	1,503	1,590
（うち人件費）	404	456	456	464	474	
販売管理費	1,797	1,839	2,282	2,563	2,814	3,215
うち営業活動に関わる人件費（人的資本）	783	799	871	880	905	
その他損益	80	18	9	20	△12	135
従来の営業利益	591	772	862	1,255	518	760
ESG EBIT	2,627	3,096	3,316	3,678	3,067	3,600レベル

ESG売上総利益＝売上収益－売上原価＋生産に関わる人件費（人的資本）
ESG EBIT＝営業利益＋研究開発費（知的資本）＋生産活動・営業活動に関わる人件費
（人的資本）
出所）　エーザイ（2021）『価値創造レポート』，58頁。

る人件費（人的資本）を営業利益に足し戻しESG EBITを算出した。このように，エーザイ株式会社は人的資本への投資と利益の関係性を明確にしている。しかし現状では，エーザイ株式会社のような取り組みを行う会社が少なく，外国人従業員数，女性管理職，育児休暇取得日数を中心に開示している会社が多いのである。

4　人的資本の情報開示に係る課題とその対策

　実際には，企業価値を有形資産と無形資産にバーチャルに分解した際の無形資産の割合は，米国企業が9割に対し，日本企業は3割と低い[12]。そして，機関投資家が企業の開示する情報で最も重視しているのが人材投資についてである。無形資産の拡大によって企業価値が向上する余地はあり，人的資本をはじめとした様々な非財務情報の見える化への意義は大きくなっている。現状では，人的資本情報の開示は欧米で先行する。米国では2020年に全上場企業に開示を義務化しており，現在は新たな項目の開示法案を審議している。欧州連合（EU）は2014年に従業員500人超の企業に開示を義務付け，2024年から第三者監査の義務化や開示対象企業の拡大を予定する。欧米では設備などの有形資産よりも無形資産の重要性が広く認識されている[13]。日本でも，人的資本の情報開示が義務化された。金融庁が上場企業と大規模に有価証券の募集や売り出しをする一部非上場企業の約4,000社を対象とし，2023年3月期決算以降の有価証券報告書に人材投資額や社員満足度といった情報の記載を求めた。

　統合報告書における人的資本の情報開示は重要ではあるが，その際，経営戦略に組み込み，それらの戦略と人的資本投資を連動させて記載することがポイントとなる。しかし，「人的資本とは聞くが，正直，情報収集すら手が回っていない」これまで人的投資の戦略的な情報を出した経験がなく，「どの程度まで書くべきか分からない」などの課題がある。

　このような課題の解決に，①人的資本を形成する戦略と組織体制を整えること，②目標を作り実行し，従業員の意欲を高めるためのサイクルを考案するこ

とが必要となる。

【脚　注】

1) 例えば，土生（2007），Bharadwaj et al.（1999），Roberts and Dowling（2002），Rivette and Kline（2000）。

2) イギリスで2010年7月に創立された，企業などの価値を長期的に高め，持続的投資を可能にする新たな会計（情報開示）基準の確立に取り組む非営利国際団体である。

3) 経済産業省（2020）「持続的な企業価値の向上と人的資本に関する研究会　報告書〜人材版伊藤レポート〜」。

4) パーパス経営について2018年に，大手投資運用会社ブラックロック社（BlackRock）のCEOであるラリー・フィンク氏が，年次書簡において「パーパスの重要性」を提唱している。2019年，アメリカの大手経済団体「ビジネス・ラウンドテーブル」が，『Statement on the Purpose of a Corporation（企業のパーパスに関する声明)』を発表した（https://www.businessroundtable.org/business-roundtable-redefines-the-purpose-of-a-corporation-to-promote-an-economy-that-serves-all-americans　2022年12月21日アクセス）。同声明では，これまでの「株主至上主義」を見直し，「人や社会を重視する方針」に転換すべきことを宣言している。これらの動きを受けて，「パーパスのために働く」という意識がアメリカ経済全体で高まり，日本にもその影響が広がりつつある。

5) 世界の上場企業の無形資産は2017年度に約9兆6,900億ドルと，2007年度比で倍増した。グーグルやアマゾン・ドット・コムなど「GAFA」と呼ばれる巨大IT（情報技術）企業の存在が影響している。こうした企業は一般的な製造業のように物理的な生産設備は必要としない一方，利用者データや人工知能（AI）技術などの無形資産を世界中から集め，競争力につなげている。トヨタ自動車や富士通などは単なるハードの製造業ではなく，その前後のサービスなどソフトで稼ぐビジネスモデルへの転換を打ち出している（『日本経済新聞』2019年1月23日）。

6) イギリスでは，1624年に現代の特許法の基になる「専売条例」が制定された。ヨーロッパの最新技術を導入するためにイギリス以外の研究者や技術者の発明に対しても独占権を与えたライセンス料で巨万の富を築いた。また，特許で利益を上げた発明家には電球を発明したトーマス・エジソンや電話機を発明したアレクサンダー・グラハム・ベル，交流電流やラジオを発明したニコラ・ステラがいた。

7) 「人材価値」の開示，投資判断を左右，多様性・社員教育・離職率など，日米欧，年内にも新基準」，『日本経済新聞』2022年2月19日付け。

8) 脚注3に同じ。

9) リスキリングとは新しい職業に就くために，あるいは，今の職業で必要とされるスキルの大幅な変化に適応するために，必要なスキルを獲得する／させることである。近年では，特にデジタル化と同時に生まれる新しい職業や，仕事の進め方が大幅に変わるであろう職業につくためのスキル習得を指すことが増えている（https://www.meti.go.jp/shingikai/mono_info_service/digital_jinzai/pdf/002_02_02.pdf　2022年12月20日アクセス）。

10)　例えば，Guinan, D. G., 2004；Haspeslagh, P. C. and Jemison, D. B., 1991；Hayes, R. H., 1979。

11)　松葉，2008；鈴木，2014。

12)　「特集——日経バーチャル・グローバルフォーラム，動き出す国際金融ハブ・日本，パネル討論「企業・投資家，問われる感度」」，『日本経済新聞』2022年11月16日朝刊。

13)　「人への投資　開示始動（上）人的資本開示，戸惑う企業「どの程度まで書けばよいか…」4000社，来年にも義務化」，『日本経済新聞』2022年9月28日朝刊。

（参考文献）

経済産業省（2020）「持続的な企業価値の向上と人的資本に関する研究会　報告書～人材版伊藤レポート～」，(https://www.meti.go.jp/shingikai/economy/kigyo_kachi_kojo/20200930_report.html　2022年12月21日アクセス)。

鈴木研一，松岡孝介（2014）「従業員満足度，顧客満足度，財務業績の関係—ホスピタリティ産業における検証—」『日本管理会計学会誌』22巻1号，3－25ページ。

土生哲也（2007）「成長企業の知的財産戦略—知的財産を生かした企業価値向上の考え方」『知財管理』，56(6)：890－899ページ。

松葉博雄（2008）「経営理念の浸透が顧客と従業員の満足へ及ぼす効果」，『経営行動科学』21巻2号，89－103ページ。

野中郁次郎・竹内弘高・梅本勝博（1996）『知識創造企業』東洋経済新報社。

Bharadwaj, A. S., Bharadwaj, S. G., and Konsynski, B. R. (1999) "Information Technology Effect on Firm Performance as Measured by Tobin's q", Management Science, 45(7): 1008-1024.

Guinan, D. G.（2004）M&A Knowledge Transfer and Learning. In Pablo, A. L. and Javidan, M.（Eds.）, *Mergers and Acquisitions : Creating Integrative knowledge*, pp. 135－155.

Haspeslagh, P. C. and Jemison, D. B.（1991）*Managing Acquisition : Creating Value Through Corporate Renewal*. New York：Macmillan.

Hayes, R. H. 1979. The human side of acquisitions. *Management Review*, 68(11)：pp. 41－46.

Roberts, P. W. and Dowling, G. R.（2002）"Corporate Reputation and Sustained Superior Financial Performance", Strategic Management Journal, 23(12)：pp. 1077－1093.

Rivette, K. G., and Kline, D.（2000）"Discovering new value in intellectual property", Harvard Business Review, 78(1)：pp. 54－66.

（徐　　玉琴）

第IV部

「新しい資本主義」と
これからの企業と働き方

第9章

ベネフィットコーポレーション（公益企業）について

1 ベネフィットコーポレーション（公益企業）とは何か。それが出てきた背景とは[1]

(1) ベネフィットコーポレーションとは

　事業の目的に公益を位置づける新しい企業形態が，米国などで出てきている。利益を追求するばかりでなく，環境問題などの社会課題に取り組み社会貢献を果たすという企業である。この新しい企業形態は株主・従業員・取引先などのステークホルダー（利害関係者）への貢献に加え，社会の課題解決を事業の目的のひとつとし，定款にその旨を入れ，取締役がその遂行の義務を負う。米国ではベネフィットコーポレーションと呼ぶ。日本政府が進める政策である「新しい資本主義」の中で，民間で公的な役割を目的とする新たな法人形態の導入を検討しているが，その参考にしようとしているのが，この米国のベネフィットコーポレーションである。以下，米国のベネフィットコーポレーションについて見ていくこととする。

　なおこのような企業形態についてはまだ日本にはなく，名称も定まっていないため，本章ではベネフィットコーポレーション（公益企業）という呼び方とすることとする。

①　米国のベネフィットコーポレーションについて

　米国のベネフィットコーポレーションには，2つの形態がある。ベネフィットコーポレーションという州の法律で定める企業形態と，BコーポレーションというNPO（非営利組織）であるB Labが認証する認証制度に基づく形態の2つである。その各々について概要を以下で述べる。なお企業の事例については，次節で述べる。

②　ベネフィットコーポレーション

　ベネフィットコーポレーションの法律は最初に2010年にメリーランド州で制定され，その後各州でベネフィットコーポレーションの法制化の動きが続いた。ベネフィットコーポレーションは，37州で法制化されており，米国では，2010年10月から2017年12月までの間に，7,704社のベネフィットコーポレーションが設立，または株式会社等から移行しているとされる[2]。ベネフィットコーポレーションへの投資額も5年間で6倍に増えており，ESG（環境・社会・企業統治）をうたう企業に投資家の資金が集まってきている状況もある。

　米国の会社法は州法であるので，会社法で定められるベネフィットコーポレーションの形態も州ごとに異なる。その中で，各州のベネフィットコーポレーションの法制度をモデル法という。またデラウェア州の法制度に基づき設立された企業があり，ベネフィットコーポレーションはこの2つの系統に大別される。デラウェア州以外の多くの州では，モデル法に基づいた法整備がなされている。

　殆ど全てのベネフィットコーポレーションは非公開企業であり，公開企業のベネフィットコーポレーションは非常に少ないとされている。

③　Bコーポレーション

　Bコーポレーションは，ペンシルベニア州のNPOであるB Labが認証する企業のことである。2006年から始まった認証制度で，BコーポレーションになるにはB Labのアセスメントを受け合格する必要があり，ガバナンス，従業員，

環境，コミュニティ，顧客の5分野の質問に答える。認証されるとBの文字をあしらった認証マークを使うことが許され，企業はそれをブランディングや人材の採用に生かす。認証を受けるには，米国企業でなくても良く，2022年1月時点で，78か国において約4,500社が取得している。日本企業では，日本の上場企業で初めてBコーポレーション認証を受けたシグマクシス・ホールデイングスなど合計15社が認証を取得している（2022年10月時点）。

図表9－1　シグマクシス・ホールデイングスとBコーポレーション認証マーク

出所）　シグマクシス・ホールデイングスプレスリリース（2022.2.7）より。

なお上述した2つの形態，即ちベネフィットコーポレーションとBコーポレーションの両方とも持つ企業もある。こうした広がりは「Bムーブメント」とも総称され，企業の流れの1つとして将来はより広がりを持つだろうとされている。

(2)　ベネフィットコーポレーションが出てきた背景

ここでなぜ米国でベネフィットコーポレーションが出てきたかを考察する。

バーリ（A. A. Barle, Jr.）とドッド（E. M. Dodd）の論争[3]

アメリカでは，1930年代に会社は株主以外の社会的利益に対して，受託者としての義務と責任を負うかについて，バーリとドット間で論争が行われた。

バーリは，株式会社の所有と経営の分離を前提として，会社経営者は株主の利益のために経営すべきであると主張した。いわいる株主第一主義である。これに対し，ドッドは，会社経営者が株主の利益だけでなく従業員・消費者及び一般公衆の利益をも考慮することが長期的には株主の利益を増大させることを主張し，このような者に対する社会的責任の観念が経営者のとる適切な態度で

あると説いた。今でいうステークホルダー経営である。

その後のアメリカでは，1970年代に経済学者のミルトンフリードマン（Milton Friedman）が，企業の唯一の目的は株主価値を最大化することであると唱えるなど，バーリの考えの方が主流となっていった。

その中，近年貧富の差が広がり株主第一主義の弊害が見えてきた。2019年にアメリカの主要企業の経営者をメンバーとするビジネスラウンドテーブルは，会社はすべてのステークホルダーのためにあるとして株主第一主義を修正した。ステークホルダー経営への転換である。

またこの流れの中で社会課題の解決を中心に，企業が事業を通じて社会に貢献していくことが求められるようになった。その流れとしては，まずCSR（Corporate Social Responsibility 企業が果たすべき社会的責任）がいわれ，次いでポーター（Michael E. Porter）が提唱したCSV（Creating Shared Value 共通価値創造と訳され企業が経済的価値と社会的価値を同時実現する共通価値の戦略のこと）の概念が出てきた。次いで財務情報のみでなく非財務情報を入れた統合報告書が求められるようになり（どのような社会貢献をしているかをここで書くことができる），国連で2015年に採択されたSDGs（Sustainable Development Goals 持続可能な開発目標）の実行が企業にも要請されてきた。

SDGsとは持続可能な社会（サステナブルな社会）を作るために世界各国が協力して2030年を目標に行っていくもので，企業もサステナブルな経営を目指しサステナブルな社会を作っていくための貢献を求められている。そのために，利益を追い経済価値を高める活動と共に社会貢献をして社会価値の増大を図る経営が求められるようになってきた[4]。

この株主第一主義からステークホルダーに配慮した経営への転換，サステナブルな経営をしていくという大きな流れの変化が，正にベネフィットコーポレーションが登場してきた背景にあると考える。つまりこのような時代の流れから，公益を定款にうたい公益を重視した経営をする企業が求められるようになったのである。

2　米国におけるベネフィットコーポレーション

(1)　ベネフィットコーポレーションの企業例

ここでは，米国におけるベネフィットコーポレーションの以下の3企業を見ていく。

図表9－2　本章で取り上げる3企業

	会社名	創始者	事業内容	目的とする公益
企業例1	オールバーズ（Allbirds）	ブラウン,ズウィリンジャー	環境に負担をかけないスニーカーの開発・製造・販売	環境スニーカーの開発等により環境保全を行う
企業例2	ワービーパーカー（Warby Parker）	ブルーメンソール,ギルボア,ハント,レイダー	メガネの製造・販売	視力と目の健康に役立つ製品，サービスを世に送り出し，地域に前向きなインパクトを与える
企業例3	パタゴニア（Patagonia）	シュイナード	アウトドア用品の製造・販売	自社の活動を通じて環境保護を行う

出所）　筆者作成。

①　オールバーズ（Allbirds）[5]

米国のオールバーズは，羊毛やサトウキビなどを原料にした素材でスニーカーをつくる企業で，環境に負荷をかけず快適なシューズを作る方針で，「環境スニーカー」を開発している。同社の靴は環境対応だけでなく，その履き心地のよさもあって人気がある。同社のシューズは温暖化ガスの排出量が1足あたり平均6.7キログラムと，一般的なスニーカーのざっと半分である。創業直後，デラウェア州が法律で定めたベネフィットコーポレーションの組織形態を選んだのは，環境保全を公益に掲げ追求するためであった。またBコーポレーションの認証も受けている。取締役は株主の経済的利益と，経営の影響がおよぶステークホルダー全体の利益のバランスをとる責任を負う。株式上場をした

が，上場の目論見書には「株主価値を最大化しない行動をとる可能性がある」
と明示した。幹部の報酬は脱炭素の進捗で決まる。

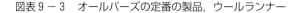

図表9－3　オールバーズの定番の製品，ウールランナー

　＊　エントリーモデルでオールバーズの定番「ウールランナー」は，再生可能な素
　　材で作られ，クッショニングに秀でたソールによって歩きやすいものである。

②　ワービーパーカー（WARBY PARKER)[6]

　ワービーパーカーは米国のメガネ販売の会社で，手ごろな値段で品質のいい
メガネを売る。この企業は顧客がメガネを1つ買うたびに，メガネが必要なの
に経済的に恵まれないために購入できない人に1つメガネを無償または格安で
提供する活動をしており，メガネ販売で社会課題解決をはかろうとしている。
届けたメガネ数は800万に及ぶ。なおこの活動を『BUY A PAIR，GIVE A
PAIR』と呼んでいる。ワービーパーカーのメガネは若い人に人気があるとさ
れるが，ミレニアル世代（1981年～1996年生まれ）の特徴の1つはソーシャル
グッド（地球環境などの社会に対して良いインパクトを与える活動や製品，
サービスの総称）が好まれることにあるといわれ，自分がワービーパーカーで
メガネを買うことが社会貢献につながることは，購入する理由を後押しするこ
とにつながると思われる。オールバーズと同じくベネフィットコーポレーショ
ンでありBコーポレーションでもある。ベネフィットコーポレーションとして

追う公益は，視力と目の健康に役立つ製品，サービスを世に送り出し，地域に前向きなインパクトを与えることで，上場した時の目論見書には「利害が衝突したとき，株主にとって好ましい結果になる保証はない」と記述した。それでも時価総額は小さくはなく，課題山積の世界で，こうした企業が次の主役の候補のひとつとの認識もある。

③　パタゴニア（Patagonia）[7]

パタゴニアは米国のアウトドア用品大手で，「故郷である地球を救うためにビジネスを営む」を掲げ，環境保護の活動を行っている企業である。具体的には，(i)お客様が購入した製品を修理等を重ね長く使ってもらい，修理が不可能になったらリサイクルに出す，(ii)売上の１％を世界中の環境団体に寄付する，(iii)環境再生型農業を行う，(iv)再生可能エネルギーの拡大を目指す，などの活動を行っている。オールバーズやワービーパーカーと同じくベネフィットコーポレーションでありＢコーポレーションでもある。2022年９月には環境危機に対する資金を増やすため，会社の所有形態の見直しを表明し，創業家が持つパタゴニア全株を新設の信託と非営利団体に寄付し，創業家への配当をなくして環境保護に回すこととした。上場も選択肢だったが，創業者であるシュイナード氏はその選択をしなかった。長期的な活力や責任より短期の利益を優先する市場の圧力にさらされるとの理由からだった。

(2)　ベネフィットコーポレーションの課題[8]

課題として出されるのが，上場した場合に株主第一主義ではない点である。ベネフィットコーポレーションは，事業の目的に公益を位置づけているため，株主価値の最大化を絶対視しないと宣言している企業とも言え，その点で市場の圧力にさらされることが課題とされる。現にベネフィットコーポレーションで上場している企業はまだ少ない。オールバーズとワービーパーカーはともに上場を果たしたが，２社とも株価低迷に直面する。しかしながら，企業が公益も追求するビジネス，社会課題の解決を市場をテコに大胆に行うモデルの模索

期と考えれば，上場を果たしていくことに大きな意味があると思われる。

　一方パタゴニアは上場を選ばなかった。このことは，上場を含む資金調達を駆使し大規模に課題を解決していく，またそういう起業家を生むという時代の要請には合わないようにも見える。しかし，価値10億ドル以上の未上場企業で，環境や教育などの問題に取り組むインパクト・ユニコーン9)も世界には多くあるといわれる（パタゴニアの2021年度の売上高は独社の推計で10億ドル）。株式上場を選ばなくても，経済価値と社会価値の増大を同時に図っていけることを示せれば，投資家を引き寄せられると考えられ，これも十分に意味があると考える。

③ 日本におけるベネフィットコーポレーション（公益企業）の展開への示唆とまとめ

(1) 日本におけるベネフィットコーポレーションの展開への示唆10)

　前節で見てきた米国のベネフィットコーポレーションについて，米国のベネフィットコーポレーション法を参考に日本でも定款に公益を掲げた公益重視型企業の法を検討していくということが「新しい資本主義」の実行計画で出されているが，日本でベネフィットコーポレーションを展開していくことへの示唆はどうであろうか。政府はベネフィットコーポレーションと同じく企業の定款に社会的課題の解決に取り組む考えを明記し，一般株式会社と異なる法人形態として登記する案を検討している。

　ここで考えるのは，日本企業はもともと株主第一主義の考えはそれほど強くなく，公益性の強い側面もあるということである。コーポレートガバナンス・コード11)は，「株主以外のステークホルダーとの適切な協働」が基本原則に明記されるなど公益重視が強まってきている。また第1節で述べたように2022年1月に日本の上場企業で初めてシグマクシス・ホールデイングスが米国のBコーポレーションの認証を受けた。多くの日本の大企業が採用している非財務情報開示の枠組みGRI（グローバル・リポーティング・イニシアチブ12)）は，

Ｂコーポレーションのアセスメントと親和性があるとされている。Ｂコーポレーションの認証は日本では2022年10月現在15社が受けているが，その内 7 社が2022年度に受けていて認証企業は増えてきている。

　また日本の上場企業には，ユーグレナのようにSDGsのすべての項目に対応することを定款に盛り込んでいる企業もある[13]。ユーグレナは，もともと出雲社長がバングラデシュに行き，満足に栄養が取れない貧困の人々を救うにはどうすれば良いかと考えたことから起業したスタートアップで，社会に良いことと会社の成長が重なり合う手法を編み出し，収益性と社会性の両立を目指してきた企業である。つまり内容的には，ベネフィットコーポレーションといっておかしくないものである。出雲社長は2025年には，15〜64歳の生産年齢人口の過半をミレニアム世代（1980〜1995年生まれ）とそれに続くＺ世代（1996〜2015年生まれ）が占めるようになり，その世代は社会課題への意識が高いといわれる世代なので，収益性と社会性の両立を目指す経営が重要になってくると考えている。つまり第 1 節のベネフィットコーポレーションが出てきた背景で述べたように，利益を追い経済価値を高める活動と共に社会貢献をして社会価値の増大を図る経営が求められてくるということであり，筆者もこれに同意する。またESG投資が増えてきている現状もある。

　前節までで見てきた米国のベネフィットコーポレーションの日本における展開への示唆を考えていくと，以上のことから日本ではベネフィットコーポレーションが発展する可能性はあると筆者は考える。

⑵　まとめ　ベネフィットコーポレーション（公益企業）に期待すること

　本章の第 1 節で考察した株主第一主義からステークホルダー経営への転換，そこからベネフィットコーポレーションが出てきたこと，これは資本主義の新たな方向性のひとつを示すものと筆者は考える。今後は，日本版ベネフィットコーポレーションまたは企業形態は異なっても公益を重視した活動をする企業が社会課題の解決を行い，公益を重視したサステナブル（持続可能）な企業活動を行っていき，それを通してサステナブルな社会を作っていくこと，それに

よる良い社会を作っていくことが求められ期待される。その意味でもこのベネフィットコーポレーションの持つ意義は大きく，日本社会で受け入れられ発展していけば大変有意義なことだと考える。

　しかしまだ法律による日本版ベネフィットコーポレーションは，制度として出来ていないものであり，本章では触れなかったが新しい法人形態を作ることになると様々な法的論点も出てくると思われ，今後の動きを注視していきたい。

【脚　注】
1)　この節は，内閣官房（2022）https://www.cas.go.jp/（2022.6.29閲覧），B Lab HP https://www.bcorporation.net（2022.6.29閲覧），小平龍四郎（2022）https://www.fsight.jp/（2022.6.27閲覧）参照。
2)　前掲　内閣官房，25ページ，基礎資料集，41－42ページより。
3)　畠田，前越，嘉村，後藤（2022），8－9ページより。
4)　この営業価値のみでなく社会的価値の増大を図る経営が企業には必要という点については，坂本恒夫明治大学名誉教授も著書で述べている（林幸治編著，日本中小企業・ベンチャービジネスコンソーシアム著（2021）『新中小企業論』3－4ページ，文眞堂）。
5)　日経電子版2021年11月26日「サステナ起業家のクールさ　株主が「絶対」ではない経営」参照。
6)　同上
7)　世の企業の真逆を行くパタゴニアが実践するサステナビリティ経営，https://www.ungcjn.org/sdgs/archive/ 1801_patagonia.html（2022.10.31閲覧）参照。
8)　この項は，日本経済新聞2022.10.29「「パタゴニアの次」への号砲」参照。
9)　評価額が10億ドルを超える未上場のスタートアップ企業（ユニコーン企業）で，かつ社会課題解決を目的に活動している企業を指す。
10)　日経ヴェリタスセレクト2022年5月28日「公益重視「B」のうねり，日本企業にも土壌既に」参照。
11)　コーポレートガバナンスとは，会社が株主をはじめ顧客・従業員・地域社会等の立場を踏まえた上で，透明・公正かつ迅速・果断な意思決定を行うための仕組みを意味し，コーポレートガバナンスコードは実効的なコーポレートガバナンスの実現に資する主要な原則を取りまとめたもの（東京証券取引所）。
12)　GRIとは国際的な非営利団体でスタンダードを発行しており，報告主体が経済，環境，社会に与えるインパクトを報告し持続可能な発展への貢献を説明するためのフレームワークを提供している。
13)　日経電子版2021年7月29日「なぜユーグレナは会社か」，ユーグレナHP　https://www.euglena.jp（2022.10.31閲覧），菅井徹郎「第18講㈱ユーグレナ」（2020）坂本恒

夫，鳥居陽介編著日本中小企業・ベンチャービジネスコンソーシアム著『新ベンチャービジネス論』213 - 222ページ，税務経理協会，参照。

（参考文献）

（書籍）

畠田公明，前越俊之，嘉村雄司，後藤浩士（2022）　『新版　商法総論・会社法総則』中央経済社。

ライアン・ハニーマン，ティファニー・ジャナ．鳥居希・矢代真也・若林恵監訳（2022）　『B Corp ハンドブック—よいビジネスの計測・実践・改善—』バリューブックス・パブリッシング。

（ウエブサイト）

オールバーズ HP，https://www.allbirds.com/pages/our-story。

小平龍四郎「新しい資本主義の目玉　パブリック・ベネフィット・コーポレーションを日本に根付かせる必須条件」フォーサイト（新潮社）https://www.fsight.jp/。

内閣官房「新しい資本主義のグランドデザイン及び実行計画」（令和 4 年 6 月 7 日）及び「基礎資料集」https://www.cas.go.jp/。

パタゴニア HP，https://www.patagonia.com/our-footprint/。

B Lab HP，https://www.bcorporation.net。

ユーグレナ HP，https://www.euglena.jp。

ワービーパーカー HP，https://www.warbyparker.com/history。

（新聞，Web版を含む）

日本経済新聞 2022年10月29日「「パタゴニアの次」への号砲」日経電子版 2021年 7 月29日「なぜユーグレナは会社か」・2021年11月26日「サステナ 起業家のクールさ 株主が「絶対」ではない経営」

日経ヴェリタスセレクト 2022年 5 月28日「公益重視「B」のうねり，日本企業にも　土壌既に」

（菅井　徹郎）

第10章

IT人材とジョブ型労働

1 メンバーシップ型雇用とジョブ型雇用

(1) 日本の雇用環境

　急速な少子高齢化と世界を襲ったCOVID-19の脅威は，これまでの日本人の働き方を大きく変えている。これまで当たり前とされてきた，終身雇用制は時間と共に崩壊してきており，多くの者が新たな働き方を模索し始めている。今日，既に就業者にとって，離職・再就職することは当たり前になっており，特に，規模が小さい中小企業ほど入職者に占める転職入職者の割合が高い傾向にある。近年は，従業員1,000人以上の規模の企業でもこの割合に上昇傾向が見られ，2020年時点ではいずれの企業規模においても，入職者のうちの半数以上を転職入職者が占める結果が出ている[1]。更にこの傾向は入職者・転職者の年齢によっても特徴的な結果がみられている。入職者に占める転職入職者の割合の推移は，35歳以上の年齢層において男女ともに上昇傾向にあり，とりわけ女性において大きい。34歳以下の年齢では男女ともにやや低下傾向にあるのだが，一方で，女性の35歳以上の年齢層を中心に労働移動の動きが活発化している[2]。30歳代の中盤で結婚や出産を経験する女性が多くなり，35歳を境に女性は新たな働き方を求める傾向にあるようだ。他方，産業別の離入職の動きについては，小売業，生活関連サービス業，娯楽業などの産業で，延べ労働移動者数[3]の減少がみられた。これは，2020年以降のCOVID-19流行により廃業やネットビジ

ネスへの移行の影響が大きいと思われるが，一方，情報通信業，社会保険，社会福祉，介護事業では，女性の入職者が増加する動きが見られる。

　企業規模に余り関係なく入職者に占める転職入職者の割合が高い傾向にあることは，もはや終身雇用制が崩壊している証の1つと言える。しかしながらこの現象を国際的視点から見ると，アメリカ，カナダ，イギリス，北欧諸国等と比較するとまだまだ勤続年数10年以上の雇用者の割合は日本は高い水準にあるのだが，それでも，我が国の労働者の勤続年数の状況は，近年，男性では54歳以下，女性では39歳以下の年齢層において，平均勤続年数の低下傾向が見られる。

　日本の就業構造において，工場における生産ラインや，小売店の販売業務など，定型の業務を行う現場人材を求めるニーズは未だ強いが，高度な専門知識や技術を用いて付加価値を生み出す人材や，非定型のサービスを提供する人材のニーズは更にそれを上回る勢いで高くなっている[4]。特に，情報通信や介護・福祉といった分野の労働力需要は一層高まっている。これらの分野では事業継続のために絶対的な人員確保が必要になっており，他産業より賃金を上げてでも人員確保を行おうとする動きが窺える。そのため今後は，労働条件を柔軟に設定して，労働者の主体的な意志に基づく転職などの外部労働市場を通じた労働力の獲得が強く望まれるであろう。これが，新たな働き方を生み出す強い要因の1つになっている。

⑵　メンバーシップ型雇用とそのメリット・デメリット

　現代では，雇用契約は労使間のトラブル回避等のために，労働契約法における民事上のルールとして締結が明確に定められている。そのため求人募集の時点で，職務内容や勤務地，給与などをジョブ・ディスクリプション（職務記述書）として明示するルールになっており，入職希望者はその内容に応じて自分の希望やスキルが合っているかを照らし合わせ，合致していれば応募する仕組みになっている。従って，職務記述書の内容が雇用側によって新たに更新されない限りは，配置転換や昇給が生じないことが原則なのである。

　しかし，入職前に業務内容や勤務地などを詳細に限定せずに雇用契約を結び，雇用された側は割り当てられた業務に従事するというシステムが日本には広く行きわたっている。この雇用形態は「メンバーシップ型雇用」と呼ばれており，仕事内容や勤務地などを事前に明確化せず，候補者の将来性や可能性，人柄等を中心的に考慮して選考して行く形式である。

　一方入職者は，昇給，配置転換，勤務地の変更などの労働勤務環境が大きく変わることを事前に受け入れるため，厳密に言えば就職というより就社であると言えよう。これは，「終身雇用」，「年功序列」，「メンバーシップ型雇用」をセットにして新卒学生を総合職として一括採用する日本特有の雇用方式である。入植者は，終身雇用の間に転勤や部署異動，ジョブローテーションを繰り返し，長期的に組織を支える人材へと育成されて行くのである。

　日本においてメンバーシップ型雇用が普及した時期は，第二次世界大戦直後から高度経済成長期時期であり，戦争によって多くの若手人材を失った中，企業内で多くの人材を長期的に育成するシステムが必要になっていた。人材の流動性を低くして囲い込み，労働力を確保する政策である。これは当時の企業にとってメリットが高かったと同時に，入職者にとっては，定年まで安定して働ける点でメリットがあり，自分自身と家族の生活を長期的に計画できる点で魅力的であった。

　メンバーシップ型雇用では長いジョブローテーションを行いながら人材を育成して行くことが前提であり，いわば専門性の高い人材を生み出すよりも，「ゼネラリスト」と呼ばれる企業内のどんな業務でも順応できる人材の育成に重きが置かれてきた。これにより，業務繁忙期や新規事業立ち上げ期に柔軟に人材を移動させることが可能となり，組織内における雇用調整を可能にしている。また，社内で広範な人的ネットワークも構築でき，それにより愛社精神を高めることができる構造になっている。入職者にとって，自身が特定のスキルを保有していなくても，就業期間中に組織が求めるスキルを身に付ければ良いと言う環境は有難いものであった。しかしながら時代は移り変わり，経済環境にも変化がおこり，徐々にではあるがメンバーシップ型雇用が企業にも入職者

にもそぐわなくなっていった。

　時代が変遷し社会環境が変り，メンバーシップ型雇用の特徴である「年功序列」や「終身雇用」は，次第に崩れて行った。特に終身雇用は，労働者の離職が激しくなることで，以前のように強固に維持されなくなった。またメンバーシップ型雇用自体，従業員が安定して働ける一方で，「成果が上がらなくても解雇されず安定した給料がもらえる。」というマイナスのイメージをもたらすようになった。実際に，生産性の低い従業員を抱える企業も増え，年功序列や終身雇用に対して否定的な考えを持つ企業経営者も出ている。また右肩上がりの成長が止まった多くの日本企業では，一度採用したら定年まで雇用し続け，給与も上げていくシステムは経済的に負担となってきた。容易に解雇ができないメンバーシップ型雇用では，左遷や窓際社員といったマイナスの人事異動に関する言葉も使われ始めた。

　このようにメンバーシップ型雇用は，時代とマッチしない雇用システムになり始め，実際に生産性が低くなる，人件費が嵩む，解雇が難しい，不当人事が発生するなどのマイナス面が強調されることがしばしば起こり始めたのである。

⑶　ジョブ型雇用とそのメリット・デメリット

　専門性の高い業務内容を担当することをあらかじめ職務記述書に記載して，それを了解して入職もしくは，契約して業務にあたってもらう雇用形態はジョブ型雇用と呼ばれている。入職者は言わばその業務のスペシャリストであり，事前に高い成果が期待される。メンバーシップ型雇用と異なり，ジョブ型雇用では，組織に適応する人物を採用するのではなく，業務内容にマッチした人材を充てて採用する形を取っている。換言すれば，ジョブ型は「職務」を，メンバーシップ型は「人材」を主体とした雇用方法だと言えるであろう。また，ジョブ型雇用は世界的に見れば新しい雇用制度ではなく，むしろ，メンバーシップ型雇用を導入している国は日本など少数の国であり，世界ではジョブ型雇用を採用する企業のほうが多い。

　ジョブ型雇用の企業側のメリットとしては，即戦力の人材が得られると言う

ことが挙げられる。必要な技能水準を採用条件とすれば，職務に適合した専門分野に強い人材採用が可能になる。加えて，年功序列では難しい職務内容に応じた給与額の設定が可能になるため，条件次第では採用における競争優位が得られる。一方，従業員側のメリットとしては，自分が得手とする業務のみを実施できる，また原則，移動や転勤命令がないので自らのライフスタイルを通せることが挙げられる。一方で企業側のデメリットとしては，良いエンジニアが他社に流れやすくなる（逆も真でメリットにも作用する）。また，重要なノウハウが組織に蓄積されにくいとして不安視する声がある。しかし企業においての最大の課題は，欧米型のジョブ型雇用では，市場環境の変化や業績の悪化によって当該ジョブが必要なくなった場合，そのジョブに就いている社員をリストラできるが，日本では解雇規制が厳しく，配置転換などで経営努力をしない限り解雇が認められない可能性がある点である。またそもそも，ジョブ型雇用の場合はこの配置転換命令権が認められていないケースも想定でき，エンジニアとして雇った社員には，その仕事しか任せることができない可能性が大きい。他方，従業員側のデメリットとしては，昇給は業務内容を変えない限り望めない（逆にプラスと捉える者もいる）。また，労働組合は企業別労働組合に入れず，産業別労働組合への参加となる可能性が挙げられる。その他にもデメリットはあるが，その内容は後述する。

　COVID-19の感染拡大で，テレワークが一般的になってきたことにより，メンバーシップ型雇用での働き方の違いによって（出社している社員とテレワークをしている社員の間），得られる情報の密度や人事評価面で，差異が発生するとする課題が出始めた。これは，メンバーシップ型雇用では"働きぶり"に応じた評価が大きな比重を占めるため，働きぶりが見えやすい出社組のほうが有利と考えられ始めたことに端を発する。これを是正する１つの対策として，評価が働きぶりに依存しにくいジョブ型雇用が注目を浴びるようになってきた。また，ジョブ型雇用が注目され始めた別の理由として，日本における社会的な重要課題である少子高齢化問題を挙げることができる。メンバーシップ型雇用は終身雇用と年功序列型賃金を前提にして成り立っているが，その前提を維持

するための若い労働力人口が激減し，２つの前提条件の維持が年々難しくなっている。社会全体の平均年齢が若い間は，年功序列を前提に企業は多くの人材を雇用することができた。しかし社会全体が高齢化すると，生産性の高い若手の人材は貴重であるにも係わらず，少ない給与額しか得られず，デジタルリテラシーが低いベテラン社員の給料が高止まりする弊害が顕在化してきた。これによって，会社全体が高コストとなり生産性の低下がおきるので，ジョブ型雇用を導入して終身雇用制から転換しようという考えが強くなってきたのである。

2 IT人材の変容と市場価値変化

(1) IT人材の変容

　IT人材の変容や市場価値については，経済産業者が，令和３年２月４日に第１回「デジタル時代の人材政策に関する検討会」を開催し，デジタル人材に関する論点と題した議論を継続開始し，2022年３月14日迄に５回の実施を数えている[5]。その中では，従来IT人材と呼ばれていた技術者を「デジタル人材」と呼び変え，日本においてその人材が枯渇し育成が急務であること，年功序列型の雇用形態によりデジタル人材の流動性が低くなっていること，従来型の受託システム・ソフトウェア開発やSIビジネスへの依存からの脱却が遅れていることを解決課題の１つとして議論している。特に，ユニークな見解として，魅力的な仕事内容及び，雇用環境を持つベンチャー企業や外資IT企業へ，ハイレベル人材の入職が集中しているとしている。

　企業においてDX（デジタル・トランスフォーメーション）[6]の必要性が叫ばれる中で，その推進を目的として，デジタル人材の外部採用や社員育成等への活発な動きが見られるが，多くの企業では十分に開発能力を持つ人材の育成・確保は余り進んでいない。前掲の「デジタル時代の人材政策に関する検討会」が指摘しているように，これにはIT産業が有する従来からの古いビジネスの仕組みが関係していると考えられる。受託システム・ソフトウェア開発，SIビジネスへの依存により，重層的な下請け構造が根強く存在しており，エ

ンジニアは現場で長時間業務を強いられている。また昼夜間断を許さない情報インフラの保守・メンテ業務は，長らくエンジニアに重い負担となっている。そのため入職率が高い一方で，定着率は比較的高くはなく，他産業への人材流失が定常的に見られる現象が起きている。更には，オン・ザ・ジョブトレーニング（OJT）が常識化されており，「習うより慣れよ」の考えが，エンジニアの労働時間を更に長くしてきた。しかしながら近年，COVID-19の流行によって長らく継続してきた労働環境が急変している。多くの企業がテレワークを導入し，IT企業はその先頭に立って，最新の情報通信技術を用いた新しい働き方を示す立場になっている。たとえ業務内容が高度であっても，新たな技術によって安全にストレスなく在宅勤務対応が可能になることをデジタルエンジニア自身が示すことで，新しい機器やソフトウエアシステムの導入・整備の必要性を市場に効果的に伝えることができるためである。更には自宅ではなく郊外や地域に移転・移住しても，職場に出勤している時と変わらない水準で，業務遂行が可能になることを率先して示すIT企業も登場している。これらの変化は未だ進展中だが，一方で既に幾つかの課題が顕在化してきている。代表的な1つは，評価・報酬への考え方である。在宅で業務を行う社員の評価は，エンジニアに限らず容易ではない。メンバーシップ型雇用で採用された社員の人事評価は，達成した数値だけではなく，表面に現れない組織への順応や問題への対応も包含されていた。テレワークでは物理的な距離が存在するため，担当業務を実施する以外の会社への貢献に対する評価が難しくなっている。そのため，給与決定への平等性欠如の有無が取りざたさせるようになっている。

　事務系や営業系の労働者とは別に，デジタル技術者が主に在宅等で決められた業務を行う形態はメンバーシップ型雇用よりも，ジョブ型雇用の方が適当であると考えられる。定まった業務を決まった期限までに，必要な知識や技術を有して行う業務実施形態はまさにジョブ型雇用者にうってつけと言えよう。ジョブ型雇用による業務実施スタイルをいち早く採用したテクノロジーベンチャー企業は，高い水準のエンジニアの支持を得て，実際に入職者が増加傾向にある。業務内容，完成期限，成果水準等が明確であるデジタルエンジニアの

仕事は，ジョブ型雇用の方が適当であり，終身雇用や年功序列を特徴とするメンバーシップ型雇用は現実に合致しないと言えるであろう。

(2) 従来型IT人材と先端IT人材

　IT人材（＝デジタル人材）は，必要となる技術によって細分化される。各業務によって，スキルレベルにも幅があり，短い時間で戦力となれる職種から，研修に時間をかけて独り立ちできる職種まで様々存在する。経済産業省は，AIやビッグデータ，IoTなどデジタル・トランスフォーメンションをけん引するIT人材を「先端IT人材」として分類している。一方で，従来から続くシステムの受託開発や運用・保守に対応するIT人材を「従来型IT人材」としている。ともにIT人材というカテゴリでは，将来的に大幅な供給減が発生すると考えられるが，一方で，先端IT人材と従来型IT人材の需給のバランスを想定した場合，今後は間違いなく先端IT人材の需要が増え，従来型IT人材の市場ニーズは徐々に減少に向かうであろう。

　デジタル技術は日進月歩で進化しており，エンジニアは，日常業務をこなしながら，最新技術の習得にも取り組む必要がある。先端技術のAI，ビッグデータ，IoT等の分野については，プログラミング能力だけではなく，ハードウエアに係る専門的な技術知識が求められるため，扱うことのできるIT人材は基本的に少ない。その中で近年，昔ほど正社員としての雇用にこだわらないエンジニアが多く存在してきており（優秀な人材ほど，フリーランスとして独立しているケースが目立ち始めている），社員としての採用は更に難しくなっている。仮に企業が，自社社員としてエンジニアの採用を検討する場合，高額な採用費を費やすか，或いは，フリーランスに多くの資金をかけて開発業務委託をするという割り切った考え方も必要になっている。このような状況下，人材不足の改善策として採用以外の手段を検討する企業が出始めている。その中で注目されているのが社内人材の育成であり，社内エンジニアが成長すれば，自社の生産性の向上に繋がることが約束されている。そのためは，社員に対して資格取得のための学習費補助や社外研修の受講費用負担などの方法が必要になっ

てくる。

　このような企業努力が成果として現れるには，一定の時間の経過が必要になるため，それまでは，外部人材の力に依存せざるを得ない。この結果，フリーランスのエンジニアは営業を行わなくても，ある程度の量の業務を獲得できることが見込めるようになり，就職をせずにそのまま長くフリーランスとしての働き方を選ぶ人材が増加すると考えられている。この現象と呼応する形で，政府主導で働き方改革の一環として，副業・兼業可という働き方が推進されている。他社のエンジニアに特定の時間や曜日のみに，短期的に業務支援をしてもらう手段が現実的に起こりうる環境になっている。更には，オフショア開発[7]という手段も存在している。オフショア開発は人件費を抑えられ，人材を確保しやすいメリットがある。企業の採用担当は，フリーランス，副業・兼業，オフショアなどの雇用形態にとらわれず，高スキルな人材を積極的に確保することが，今以上に重要になってくる。先端IT人材はそのくらい枯渇すると考えられている。

　高度な先端デジタル人材を採用するためには給与はもちろん，それ以外にも自社の魅力的な部分をアピールする必要がある。例えば，住宅手当，カフェス・休憩ペース，宿泊施設・レジャー施設の利用割引制度などの福利厚生に力を入れるのも一案である。また，フレックス制度導入やリモートワーク環境の整備など，柔軟な働き方が選べる環境は人材採用に優位に作用すると考えられる。しかしこれらの整備には，高額な費用や社内の制度改革が必要になるため，思うほど簡単ではない。一方で，フリーランス技術者は，高額な業務案件の獲得や長期契約継続のために日々学習する必要があるため，正社員に比べて学習意欲が高い傾向にある。更には最新技術に敏感であり，様々な業務を実施できるように，自己研鑽をはかっていると考えられるため，結局，フリーランスエンジニアに業務を依頼する方法が有効な手段となっている。一方で，フリーランスに業務を依頼することで，社内に技術知識やノウハウが残らないことを危惧する企業が多いのも事実である。また依頼業務間に間断があった場合，同じフリーランス技術者が以前と同様に自社のために業務を行ってくれる保証はな

く，法人としてのIT企業に高度なデジタル業務を依頼する傾向が強い。法人へ業務依頼した場合，その費用は個人への依頼と比較し，当然高額となるため経済的な出費は大きくなるが，継続して高度業務を行ってもらえるメリットがある。

　フリーランスへの業務依頼も，法人への業務依頼も，企業が望む根本的な課題の解決案ではない。そこで，近年注目され始めたのが，自社社員をジョブ型で雇用する方法である。雇用の条件が魅力的であれば，高度なデジタル技術者を自社社員として抱えることができることが魅力なのである。

③　中小企業の経営者はジョブ型雇用をどう考えているのか

　働く環境が急変する中で，実際に中小企業の経営者は，ジョブ型雇用をどのように捉えているのであろうか。小規模ではあるが，企業データベースより首都圏に位置する中小企業600社を抽出して，ジョブ型雇用についてWebによる調査を試みた[8]。その結果，84社から回答を得ることができた。その調査結果を下記に報告する。

　設問1：貴社ではジョブ型雇用を検討したこと，または，実施したことがありますか。

図表10−1　ジョブ型雇用実施の有無

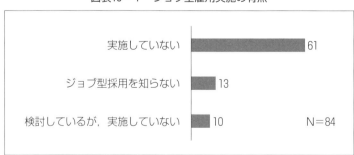

　図表10－1から明らかなように，現在ジョブ型雇用を行っている企業は84社中1社もない。その中で13社の経営者は，ジョブ型雇用自体を知らないと回答している。一方で，10社の経営者が採用を検討していると回答しており，実績企業は確認できなかったがジョブ型雇用が浸透し始めている兆しが伺える結果になった。ジョブ型雇用の採用を検討していると回答した企業の理由を聞いた結果が図表10－2である。

設問2：ジョブ型雇用を検討している最も大きな理由は，何でしょうか。

図表10－2　ジョブ型雇用を検討している理由

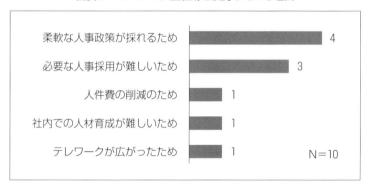

　人件費を押さえることよりも，人事政策を考えて採用を検討していると回答した企業が4社あったことは特徴的な結果と言える。この回答数は，「必要な人事採用が難しいため。」を上回っている。更に，84社にジョブ型雇用の最も大きな課題を聞いた結果が，図表10－3である。

設問3：ジョブ型雇用の最も大きな課題は，以下のどれだとお考えですか。

図表10－3　ジョブ型雇用の課題

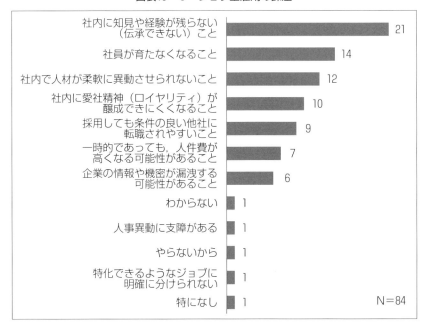

他の理由を引き離して「社内に知見や経験が残らないこと」が最大の課題として挙がっている。また2番目に多い課題となったのが，「社員が育たなくなること」であり，この2つの回答を合わせると35社に昇り，回答企業の40％を超える結果になった。非常に小規模な調査であるが，これらの結果から，ジョブ型雇用が少しずつ中小企業の経営者にも浸透し始めており，人事戦略上採用したいと考える中小企業が増える兆しがあることがわかる。一方で，ジョブ型雇用では，会社に経験や知識が蓄積できず，社員が育たない等の不安視をしている経営者が多いことが判明した。これらから，中小企業経営者にはジョブ型雇用に対する小さな誤解があるのではないかと推察できる。ジョブ型雇用＝テレワークで業務実施と考える経営者は意外に多く，ジョブ型で雇用した者が孤立した環境で業務を実施すると考える傾向があることが伺える。しかし実際に

は，ジョブ型雇用で採用された者であっても，企業内で勤務することはあり，他従業員とコミュニケーションを取って業務を進めることも多々ある。ジョブ型雇用の社員とメンバーシップ型雇用の社員間で，知識や経験を共有することは社内の手順・仕組みの工夫により可能であり，決して解決ハードルが高い課題ではない。一般に中小企業は，少ない人員で様々な業務をこなすことが多く，1人の社員に対する業務比重が高い傾向がある。そのような環境から，知識や経験の伝承を大切に思う傾向が強くあることは理解できる一方で，近未来の人事の戦略性を高めるためには，企業内で社員間のコミュニケーションを促進する手法の改善が必要になるであろう。

4　IT人材のあり方とジョブ型雇用の未来

　今後，高いスキルを保有する先端デジタル人材においては，ジョブ型雇用を志向する傾向が更に強くなってくると想定できる。業務内容を自ら選択でき，自己研鑽の度合いにより給与を高めることができるなど，高い意識を有するエンジニアには魅力がある雇用形態であるためである。一方で，現状ではジョブ型雇用には幾つかの明確な課題があると言われている。1つ目だが，メンバーシップ型雇用においてはスキルアップに対して雇用企業が投資をしてくれ研修支援をしてくれることが一般的であるが，ジョブ型雇用は即戦力の社員を雇用するものであり，スキルの無い社員をそもそも雇用することがなく，スキルアップ・給与アップのために自ら投資を行わなければならない点である。そうしなければ，競合他者との業務争奪競争に敗れてしまう。ジョブ型雇用で入職した者は，自己資金で常に自分を磨いておかなければ，次の高いレベルでのジョブにおいて雇用されることは約束されない。2つ目は，日本では労働法により，現在非常に強い解雇規制が存在しているため，企業がジョブ型雇用を採用したとしてもこの解雇規制が緩和されない限り，解雇について企業側に良い変化は起こらないことが挙げられる。現状はジョブ型雇用が有する特色を十分に発揮しにくい環境であると言えよう。そのため，雇用側である企業から政府

に対して解雇規制の緩和を求める声が上がる可能性がある。多くの企業や組合がそれを求めるとなると，今後解雇規制が緩和される可能性も考えられ，正社員としての安定性が崩壊してジョブ型雇用浸透に大きな影響を及ぼす可能性がある。政府がジョブ型雇用の推進を企業に求めるためには，解雇規制の緩和は同時に必要な要件になると考えられるためである。

　これら以外にも，企業側で検討を要する課題はまだまだ存在する。「ジョブ型雇用＝社内に知識・経験が蓄積できない。」，「メンバーシップ型雇用で入職した社員とのコミュニケーションが難しい。」等の誤認識を払拭する必要がある。これは企業が，ジョブ型雇用で採用した者が多くなることにより，個人主義化することを防ぐ必要があることを意味する。ジョブ型雇用では職務記述書で業務内容が明示されてしまうため，個人主義的な働き方になる可能性がある。そのためジョブ型雇用を採用する企業では，組織として社員を評価する合理的な何らかの要素を取り入れる工夫が必要になる。これにより，現場の社員同士の意識にズレを発生させないようにすることが必要である。特に中小企業などの小さな組織では，これまでにない新しい制度が入ってくると，社員において会社に対する価値観や意識のズレが発生しやすくなる。そのため働く場所を問わず，社員間のコミュニケーションを密にする努力が必要であろう。例えば，職務記述書に記載の無い業務について，制度内容を詳しく知らない上司が悪気なく依頼するケースが起こることなどが想定される。もちろん，このようなケースだけではなく，他の様々な想定外事項の発生を回避するため，導入には十分な事前準備が必要になる。

　必要となる企業が踏むべきステップは，一般に次のようになる。まず必要になる準備は，社内に存在するジョブの洗い出しである。自社が現在どのようなジョブ群で成り立っているのか，経営者はそれを明確にする必要がある。ただし，大企業になると事業部や部署が多数存在し，相当量の業務となってしまい簡単なことではない。2つ目の準備として，職務記述書の策定を挙げる。洗い出したジョブを必要以上に明確に記載せず，適当な程度で抽象化して記載することが企業にとっては後に有効に作用する。それにより入職者に少しでも広い

範囲の業務を依頼することができる。３つ目は，人事評価制度の明確化である。これが最も重要なことであり，ジョブ型雇用採用とセットであると考えて良い。人事制度（評価制度）と賃金体系をどのようにするかはいわば，人事政策の根幹であると言ってよい。メンバーシップ型雇用では仕事の取り組み方や目標の達成率は評価の対象になるが，ジョブ型雇用では職務を遂行できたかによってのみ決定され，他の要素は評価に影響しないことを理解・浸透させることが重要である。最後に，ジョブ型雇用を段階的に浸透させて行くことである。長年メンバーシップ型雇用の人事評価制度であったため，急に評価制度を変更すると社員全員が不安に陥る。そのため，必要な業務（ジョブ）から段階的に導入していく方法が良策であろう。

　それでもジョブ型雇用の本格的な浸透には，まだまだ時間が必要と考えられるため，当面日本企業においては，従来のメンバーシップ型のメリットを活かしながら部分的にジョブ型を採用する形式をとるか，ジョブ型に余りとらわれずメンバーシップ型雇用の矛盾点を企業独自で解決してオリジナルな雇用制度を作り出すか，暫くはこのいずれか２つに向かう企業が多いのではないかと考えられる。

　これまで，ジョブ型雇用を採用すると社内の業務効率化が改善されると言われてきた。この理由だが，前述したように，ジョブ型雇用を採用するための職務記述書を作成する過程で社内の業務の整理と棚卸ができるためである。メンバーシップ型では，業務内容が明記されていないため，多くの企業でいつの間にか不必要な業務が発生し定着して，気づかぬ間にそれに忙殺されていることが起こっているのではないだろうか。組織内の業務量・種類は，時間と共に自然と肥大化して行くものである。雇用の多様化は，自社業務の整理によるスリム化へのきっかけになる効果も有している。

【脚　注】
1)　厚生労働省　令和４年版　労働経済の分析，141-143ページ。
2)　厚生労働省　令和４年版　労働経済の分析，167-170ページ。

3)　厚生労働省　令和4年版　労働経済の分析，127-128ページ。

4)　厚生労働省　令和4年版　労働経済の分析，121ページ。

5)　経済産業省　商務情報政策局　情報技術利用促進課が主幹する検討会

6)　定義：「新たなデジタル技術を使ってこれまでにないビジネス・モデルを展開する新規参入者が登場し，ゲームチェンジが起ころうとしている。こうした中で，各企業は，競争力維持・強化を新たなデジタル技術でおこなうこと。」（経済産業省）

7)　システム開発業務などを賃金の安価な海外の開発会社や海外子会社に委託すること。

8)　本調査は，有料企業データベースを利用し，①製造業，流通業（飲食業，運輸業を除く），②首都圏（東京，神奈川，埼玉，千葉，群馬，栃木，茨城）所在，③創業後10年以上，④従業員20人以上400人未満，⑤2020年度の売上額（5億円以上～100億円未満）で無作為抽出した600社に対し実施し，84社からの回答を得ている。

（参考文献）

岸田泰則（2019）「高齢雇用者のジョブ・クラフティング行動の探索的検討」『日本労働研究雑誌』No. 703，65-75ページ。

厚生労働省（2022）　令和4年版労働経済の分析。

佐藤健司（2021）「日本企業における人間関係：メンバーシップ型雇用とジョブ型雇用の視点から」72巻5号，同志社商学，733-749ページ。

濱口桂一郎（2021）「ジョブ型雇用社会とは何か」岩波新書　新赤版。

湯元健治（2021）「日本的ジョブ型雇用」日本経済新聞出版。

（坂田　淳一）

第11章

デジタル時代における中国の従業員ヘルスケアに関する一考察

1 はじめに

経済のグローバル化などにより企業競争はますます激しくなり，競争力を高めるために企業は様々な改革に取り組んでいる。特に，現在はデジタル時代とも言われる大変革時期で，DX（デジタル・トランスフォーメーション）が大きく注目されるようになっている。一方，経営資源の中でも，従業員は人的資本として最も重要視されるようになった。

中国企業の場合，「改革・開放」以来，市場経済発展とグローバル化の進展に伴い，従業員を価値創造の「人財」とみなし，従業員をますます重視すうようになった。

本章では，まず，従業員ヘルスケアに関する理論的な考察を行い，次に，先進国であるアメリカにおける従業員ヘルスケアを取り上げながら，デジタル時代における中国企業の従業員ヘルスケアの現状と対応を分析する。そして，最後にその課題について考察する。

2 従業員ヘルスケアに関する考察

(1) 従業員ヘルスケアに関する概念と内容

健康管理という言葉は，20世紀20年代にアメリカの保険業界から初めて出た

145

概念である。そして，20世紀90年代にアメリカをはじめ，欧米の企業で健康管理プログラムを実施するようになった。

　現在，学界では企業の健康管理に対する定義が定まっていないのが現状である。Richard Wolfeら（1994）によれば，健康管理は従業員の健康水準の維持・向上を実現するための持続的な組織活動である。この目標をめぐって，企業が相応の活動設計を行い，それにより従業員の個人行為を改善することである[1]。また，Seht Serxnerら（2009）は，健康管理というのは疾病管理だけではなく，ある意味での健康促進計画でもあり，各部分は最も有効な方法で設計，実施，評価されるべきである，と強調した[2]。

　一方，中国の場合，陳石君ら（2007）は，健康活動とは計画的な管理活動であり，モニタリング，個人や集団の健康状況を評価することによって，健康に関するアドバイスや指導を提供するとともにリスク要因に対して関与を行う一連のプロセスであるとしている。また，閻世平（2014）は，健康管理とは，企業が現代医療技術とIT技術を応用し，従業員の健康に関して追跡，評価を行い，システム的に従業員心身の健康を維持することによって企業の医療コストを減らし，企業の生産効率を高める管理行為であると定義した。

　要するに，健康管理とは，個人や集団の健康状態についてモニタリング・分析・評価と健康に関するアドバイス・指導を行い，健康に関するリスク要素を計画的管理するプロセスであると言える。健康管理の目的は病気を引き起こす要因への予防対策を講じることにより，病気の「早期発見，早期予防，早期診断」の実現を通して，医療資源配分の最適化を実現し，従業員の生活の質を向上することである[3]。

(2)　企業の社会的責任論（CSR）からの考察

　Hisw Ls Anne-Sofieら（2020）は，企業側が社会的責任を履行する場合，企業内部の利害関係者の健康と福祉だけでなく，企業外部の利害関係者の健康にも目を向けるべきで，それに対応する必要がある，と主張した[4]。Farooq et al（2017）は，企業が企業の内部および企業外部の社会責任を果たすことによ

り，従業員の企業への帰属意識を高めることができ，組織への忠誠度を向上さ
せ，従業員間の助け合いや従業員個人のモチベーションを促進できることを，
明らかにした[5]。

　人は健康を享受する権利がある。企業が従業員健康管理を積極的に展開する
ということは，従業員がこの基本権利を享受する上での最大保障とも言えるだ
ろう。従業員健康への取り組みは企業の社会的責任の重要な内容であり，企業
と発展と成長にも大きな関連性があると考えられる[6]。

　企業が積極的に従業員の健康管理に関与し，責任を取ることによって，従業
員の企業へのコミットメントと従業員の企業に対する愛着感を高め，さらに従
業員自身の社会的責任を促すことができる。

(3)　人的資本論からの考察

　Theodore W . Schultz（1961）は，人的資本投資の5つの投資の1つとして，
従業員の健康への投資を取り上げ，健康投資について「広義の健康投資とは人
の寿命，力量の強度，耐久力，精力，生命力にかかわるすべての費用」である
と定義した。また，「健康的な人的資本」，「健康資本」という概念を明確に打
ち出したのである。Schultzは「人的資本理論はひとりひとりの従業員の健康
状態をある種の資本（即ち健康資本）の備蓄とみなし，その役割を果たせるに
は健康サービスの提供が必要である。健康資本備蓄の価値は時間の経過ととも
に低下していく」と主張したのである[7]。

　S. J. Muskin（1962）は，シュルツの人的資本投資理念を進展させ，健康投
資の地位と役割に焦点を当てて研究を進めた。Muskinによれば，投資内容か
ら見た場合，教育的人的資本と健康的人的資本は相互関連があり，相互補完的
である。ただし，両者は明確な区別もあると，Muskinは指摘した。健康投資
は労働力の質を高める。また，健康投資による労働力の質の向上は教育のよう
に比較的に全体的に体現できることとは異なり，部分的あるいは個別的に現れ
るので測る基準を定めるのは容易ではないと指摘したのである[8]。

　Cary Stanley Becker,（1962）も，ヘルスケアを人的資本投資の一形態とし

て捉え，従業員の心身健康を改善することは人的資本投資の1つの経路で，心身健康は収入を決める重要な決定要因で，健康を改善する方法は多様である，と指摘した[9]。

また，Becker（1962）は，

「企業側は健康診断，昼食，或いは従業員が危険作業から開放することに取り組むことを通して従業員健康へ投資することができる。企業による従業員健康への投資はある側面から見ると一般的な投資でもある。なぜならば，こうした投資はほかの企業の生産効率の上昇と同程度であれば，その投資の効果は一般的な職業訓練投資と同じである。一方，企業による従業員健康投資が生産効率の上昇率がほかの企業を超えた場合，この投資は専門的投資となり，この種の投資の効果は専門的な職業訓練効果と同じである」

と主張したのである。

健康的な人的資本は基本的な人的資本であり，従業員の健康管理の向上は従業員の病欠を減らし，企業が日常業務をスムーズに展開できるうえ，仕事の効率を高めるメリットもある。また，従業員の健康管理を向上することで，企業のその他の資本投入効率を高めることができると考えられる。さらに，従業員の健康管理に取り組むことで従業員の帰属意識を高め，人材の獲得や人材の流出を防ぎ，企業の人材の質的向上にも大いに役に立つと考えられる。

3 アメリカ・中国の従業員ヘルスケアの現状

(1) アメリカ企業における従業員ヘルスケア

アメリカでは，1940年代から健康福利として従業員に健康保険を提供した。他の国と異なってアメリカの場合，公的医療保険制度がないため，伝統的に企業側が従業員に健康保険を提供してきたのである。また，慢性病の発病率の増加や新しい医療技術の導入，新薬開発に莫大の費用の投入などを理由に医療機関にかかる際の料金が高値になりやすく，医療費の高騰は深刻な問題となって

きた。一方，医療機関で受診する従業員が増加すればするほど医療費が膨らみ，医療費の増加は翌年の保険費用の増加にもつながることになり，従業員の保険費用の増加率は従業員の賃金の上昇率や物価上昇率を超えているのである。

　1969年，アメリカ政府は健康維持組織を医療保険計画に追加し，1971年には健康管理システムに対する立法面での支援を提供した。また「Healthy People」という国民的健康政策を打ち出し，アメリカ企業による健康管理を促したのである。

　アメリカでは上述した問題を背景に，1980年代から従業員の健康リスクを低減し，医療費削減を実現するために，健康増進や疾病予防などの取り組みが広がった。2000年代に入ると従業員の医療費の削減だけではなく，生産性の向上，従業員の満足感や人材確保のための手段として導入する企業が増えてきたのである。NeilS Austin（2006）は，従業員の健康状態の悪化による影響は単なる勤務時間の損失や企業の医療保険費用の増加にとどまらず，実際には，従業員の流出や仕事上のミスの増加及び従業員の士気の低下など，多くの問題があると指摘した[10]。Rona kl Loeppke（2007）らは4つの企業に対してアンケート調査を行い，好ましくない健康状況によって生じる生産効率の損失は医療保険費用の2倍～4倍に達したという研究結果を発表した[11]。

　こうした中で，近年アメリカではデジタル健康管理を専門とするスタートアップ企業が数多く出現し，健康管理ソリューションサービスを提供するようになったのである。また，HITECH法やHIPAA法などの法律が成立することで個人のヘルスデータの活用が促進され，デジタルヘルスケア市場規模が年々拡大している。

　アメリカの健康管理サービスの主な対象として個人，団体，機関が挙げられる。機関レベルの健康管理計画は，大型病院の臨床部門または非臨床部門によって共同で実施され，健康管理の各プロセスに沿って分業体勢を確立し，各部門間の協力によって遂行する。その主な内容には，顧客の健康情報の収集と管理，リスク評価，健康増進計画，および後続サービスなどが含まれる。健康管理に携わる機関には，医療保険機関，州政府，連邦政府，消費者権利団体な

ども含まれ，それぞれの利点を十分に活かしながら，様々な形式と内容の健康管理プログラムおよび関連サービスを提供している。これらの医療機関がアメリカ衛生保健システムの根幹をなしているとも言える。

　アメリカの医療保険には，主に支払い保証型と健康管理型の2種類がある。いずれの健康管理モデルも，包括的な健康診断サービスを提供し，定期的な健康診断を通じて健康リスクを早期把握し，参加者が健康目標を達成し，医療費を削減できるようにサポートしている。

　健康管理には主に3種類がある。

① 　優先医療サービス提供者機関計画Preferred Provider Organization Plan（PPO），このプランは，保険機関が一部の医師，病院またはその他の医療機関との間で比較的低価格で契約を結ぶことにより加入者の保険費用を削減するものである。

② 　健康維持機関：Health Maintenance Organization（HMO），サービスを受ける側は自ら機関から提供された医師のリストから医師を指定して，指定されて医師が健康上の問題に対処するという仕組みをとっている。健康管理の助けが必要な場合は，その医師を通して関連部門に連絡してもらうことができる。

③ 　サービス提供地点プログラムPoint of service（POS）：当該メンバーは，割安の医療健康サービスを受けることができる。

　上述したように，アメリカの健康管理は始まりが早く，急速な発展を遂げ，2019年時点では700以上の医療機関が健康管理のサービスを提供している。

⑵　中国企業における従業員ヘルスケア

　1949年，中国で社会主義国家が誕生されて以来，医療分野において農村部と都市部の二元制度を確立した。同じ都市部でも一般企業の従業員は「労保医療」，公務員の場合「公費医療」と分かれていたが，両制度は国の財政投入で運営されたことで，結局，国が最終的に責任を負うことになり，形が違うものの，実質的には同じ国家医療保障制度であった。1951年2月「労働保険条例」

（労保医療）を頒布し，その後いくつかの改正を経て，その適用範囲が徐々に広がり，一部の中型，大型企業では従業員病院や療養施設などの施設を建設する動きが出てきたのである。従業員は有給休暇や有給療養を利用することによって疾病を予防し，発病率を低下させると同時に従業員の動機付けにもつながったのである。

　しかし，「公費医療・労保医療」が設立された以来，上述の医療サービスを享受する人口が急激に増え，２億人余りの人が「公費医療・労保医療」の対象となった。それに高齢化が進み，「公費医療・労保医療」を受ける定年退職の高齢者が2,000万人を超えた[12]。これら大多数の高齢者は慢性病を患っており，各種の複雑な重病も増え，中国の公費医療の負担額は拡大の一途をたどったのである。

　一方，中国が「改革・開放」政策を実施してから，今までの医療保障制度と経済改革との矛盾が次第に表面化された。企業側は経営の主体となって企業の損益に直接責任を負うことが求められ，国と企業が負担してきた莫大な医療費用を負担する余力がなくなったのである。そこで，企業の負担を減らしながら従業員の医療保障問題を解決するために1998年に「城鎮住民基本医療保険制度の確立に関する国務院の決定」が出された。こうして，40年間続いた公費医療・労保医療は歴史から幕を下ろすことになったのである。中国政府はこの「決定」で初めて従業員医療改革の目標は医療保険基金を創設し，医療の社会保険制度を実施することと明確にしたのである。この決定により，中国での従業員医療保障は企業医療保障から社会医療保障への移行を後押しした。しかし，2000年の段階では健康管理概念というものはなく，健康診断はまだ普及されていなかった時期であった。当時の健康診断は入隊，就職，進学等のために行われたもので，特定項目のみの健康診断を受けるのが一般的であった。その後，2000年～2003年の間は医療保障改革のセットとして大病選別（スクリーニング）検査を行った。

　2003年のSARSの影響を受け，政府，企業そして個人の健康管理意識が急速に高まり，2004年から健康診断と慢性病予防治療をメインとした健康管理が全

国的に広がり始めたのである。2010年以降になると健康促進と健康管理段階に入った。要するに，企業側が本格的に従業員の健康管理に取り組み始めたのである[13]。

中国では，2019年12月に「中華人民共和国基本医療衛生と健康促進法」を頒布し，2020年6月から正式に実施するようになった。この法律では企業側は従業員の健康促進に対し責任を負うことを明確に定めたのである。

「2020美世中国企業健康管理白書」は，中国国内25業種の223社の25,680名に対する調査結果をまとめた[14]。以下の内容は同報告書から抜粋したものである。

まず，健康意識の向上と相まってすでに健康戦略を制定した企業の割合は33％に上り，健康戦略を制定中，あるいは検討中と答えた企業数を合わせると49％に達したのである。また，77％の企業はこれから健康管理の予算を増やすことを決めたのである。企業側がこれから取り組む重点分野としては，データ駆動型の健康管理，ストレス管理，栄養と健康管理，健康管理サービス請負業者の選定，健康娯楽の順になっている。また，健康管理の内容もより充実になり，多岐にわたって行っている。その内容は主に，年1回の健診（100％），簡易歩行施設の設置（90％），企業内に医務室や健康室の設置（86％），健康講座の開催（80％），勤務時間内でも健康管理プログラムに参加できること（75％），従業員娯楽プログラム，フレックスタイム勤務制の導入（68％），生活方式促進プログラムまたは健康指導（65％），ストレス解消用の特別のスペース（リラックス空間）を設ける（62％），健康リスク評価の実施（54％）などの順になっている。

長期的に健康リスクの存在は，従業員慢性疾患を引き起こす直接原因で，企業側は従業員の健康意識を向上させ，健康に良くない生活習慣を変えさせるなど，職場において可能な関与を高めることによって，健康リスクを低減し，慢性疾患の予防につながろうとしたのである。

次に，生理健康や疾病管理において，企業側が取り組んでいる主な項目は，脊柱・背中矯正管理（35％），慢性問題管理・改善（29％），人間工学（Ergonomics）の応用（25％），血圧管理（25％），疾病前期管理（14％），糖尿病（14％），コレ

ステロール管理（12％），脳血管疾病（10％），冠状動脈疾病（7％），喘息（4％）となっている。

　メンタルヘルスに関しては，従業員らは以下の項目の問題を抱えている。具体的に見ると，睡眠不足（60％），中等情緒健康リスク（59％），落ち込み（40.6％），うつ傾向（36.9％），社会とのつながりの欠如（26.6％）などの順になっている。メンタルヘルスにおいて企業側が主に取り組んでいるのはストレス管理・リラックスとうつ病識別・管理である。2020年の時点で，アンケート参加企業のうち，うつ病診断・管理を実施している企業は71％に増加し，ストレス解消プログラムの導入や関連施設を設けた企業も30％に上ったのである。

　コロナウィルスが発生した以降，デジタルヘルスは次第に中国国内で医療サービスと健康管理分野で注目を集めるようになった。特に，従業員の健康状態データの収集，健康関連APPの導入，リモート診療などは健康サービスのニューノーマルになったのである。

　また，「2019年職場人健康力報告」によると，62.4％の人は就職先を探す際に，企業の健康福利を重視していることが明らかになった[15]。この調査では，企業が人材を確保するにはよりよい健康管理のプログラムを充実する必要があることを示唆している。

4　事例から見る従業員ヘルスケア

(1)　健康管理プラットフォームの構築

　中国において，従業員健康管理は主に3つの部分に分けられる。まず，従業員の健康関連データを健康診断などで集めて健康ファイルを作成し，それから従業員の健康を評価し，最後に，従業員健康状況に応じて健康管理計画を実施することである。この方法では，従業員の健康状況をより有効に予測し，管理することができ，従業員の健康増進に寄与する。ただし，健康管理理念が浸透されず，健康管理内容と管理方式も単一でより柔軟な対応が難しいのである。

　こうした問題を解決するために電力会社A社は，新しい取り組みを試みた。

A社は中国の国有電力企業で、2019年に従業員健康増進により、企業の業績を高める、といった理念のもとで、デジタル技術を駆使して従業員健康管理サービスを展開した。その方法とは、まず、外部の企業と協力し、全社健康ビッグデータプラットフォームを構築した。このプラットフォームは従業員モバイル端末（APP）、総合サービス端末（企業管理PC端末）、健康管理士サービス端末（健康管理士PC端末）などを通して企業と従業員に健康管理サービスを提供している。次に、従業員電子カルテを作成し、リモート健康モニタリング――スマートリスク評価――正確な健康関与――再モニタリング――再評価――再関与というサイクルで健康管理の質を上げ、従業員の健康を増進する仕組みを構築したのである。また、スマートウェアラベルやセルフ健診機器などのスマート計測機器と一体となって運用しており、様々な健康需要に対応することができ、すでに3,000名を超える従業員が登録している。

　このプラットフォームは以下の項目で役割を果たしている。

① 慢性病管理

　　健康管理士は健康データに基づいて慢性病治療に関してアドバイスを行ったたり、健康的な飲食、療養などの助言を行ったりして、慢性病の防止や治療に当たっている。

② 企業健康食堂

　　従業員の健診報告書やプラットフォームのデータをもとに専門家が健康レシピ作成し、トータルソリューションを提供している。従業員はあらかじめプラットフォームでメニューをチェックし、注文できるような仕組みになっている。

③ 健康知識教育

　　プラットフォームを通してオンライン健康講座を開いたり、健康に関する資料や動画などをプラットフォームにアップして従業員に健康に関する最新の情報を提供したり、している。

④ プラットフォームを通じて個性化の療養プログラムを提案することもできる。療養の時間、利用機関、場所、療養方式、スケジュールなどの情報を入

手できるのである。

こういった多様な健康管理スキームを用意することにより従業員のやる気を引き出し，生産性を高めることに成功したのである。

⑵　スマートジムの設立

B社は消費者金融を主な業務とする大手会社で，オンラインでの決済システムを利用して急成長を遂げた新興IT企業である。従業員の健康を増進し，人材を確保するための一環として従業員の健康管理に力を入れるようになったのである。B社は，従業員の健康を維持・増進するため，2017年に杭州にある本社のビルの一角を利用してスマートジムを設けた。新設のスマートジムはIOTを基盤として設置され，高性能のデータ技術とスマートの機器を融合することにより，各従業員の健康状態のデータ化，運動のシステム化，人と機械の一体化，運動効果の可視化を実現したのである。

まず，スマート機器はスマート体質測定を行い，関連データをビッグデータセンターに送る。それから，人工知能技術で分析を行い，最適な運動プログラムを導き出すのである。従業員は出されたプログラムに沿ってジム機器で計測を行い，そのデータが収集され，次の段階で活用される。スマートジム広さは1,100平方メートルで，中には器械区，体操部屋，プライベート教習区などに分けられ，設備が揃っている。

こうした取り組みを通して，従業員の健康を維持し，仕事の効率を高めただけでなく，職場への満足度を高め，会社への帰属意識を強化することに成功したのである。

⑤　中国における従業員ヘルスケアの今後の課題 —おわりにかえて

⑴　従来の従業員ヘルスケアの問題

中国企業の健康管理は2000年に入ってから大きな進展があったものの，発展

の歴史が浅く，いくつかの問題も抱えている。

　1つ目は，健康管理理念がまだ広く浸透されていない点である。従業員の健康管理は社会で一定程度認知されているが，多くの企業は依然として健康管理を治療手段と福利という認識から抜け出せず，基本医療保険に頼り，健康診断や疾病治療に偏り，従業員の健康管理は企業活動の一部であるという認識はまだ充分とはいえない。このような状況のもとで，従業員の健康に対して，定期的に予防とフォローすることはできず，形式に終わるところも多いのである。

　2つ目は，専門人材の不足である。企業内に専門健康相談員や健康管理者を配置し，従業員の健康問題について把握，カウンセリングを行ったりする必要がある。ただし，こうした専門人材は少なく，健康管理士やメンタルカウンセラーなどの専門人材に対する認知度が低いため，企業内で健康管理に携わる者の専門性を高める必要がある。

　3つ目は，健康管理の格差の問題である。上述した2つの事例では，国有企業と大手民間企業の事例である。プラットフォームの開発，運用などは多額の費用がかかるので財政的に厳しい中小企業にとっては手が届かないものである。スマートジムの設置の場合でも多額の投資が必要である。5GやAIの普及によりコストがさらに下がると考えるが，中小企業にとって負担ができるとは言えないのが現状である。

⑵　コロナ禍によって生じる新しい課題

　2020年コロナ禍の影響で，勤務環境は大きく変わった。パンデミックの中，リモートワーク，在宅勤務などを余儀なくされた。勤務環境の変化により生じた焦燥感，不安感，そして長期的なリモートワークで帰属感の希薄化なども懸念されるようになった。中国企業にとって従業員の心のケアが大事になってきたのである。つまり，従業員のストレス管理や健康リスクの評価などが重要になってきたといえる。EAP（Employee Assistant Program）等の対策を講じてメンタルの面で従業員をサポートしていくのが急務となった[16]。他方，コロナ禍の影響で企業の業績に悪影響を与えるケースがよく見かける。業績の悪化

は従業員の収入の減少をもたらすだけでなく，企業の健康管理にも影響を与えるのである。健康管理に対する予算が縮小される傾向も現れ始めているのである。こうした中で，従業員の健康を維持・増進するためには企業だけでなく，政府や地域社会が一体となって連携しながら取り組む必要があると思われる。

【脚　　注】

1)　Richard Wolfe, Donald Parker, Nancy Napier. Employee Health Management and Organizational Performance〔J〕. The Journal of Applied Behavioral Science, 1994, 30：pp. 22－42.

2)　Seth Serxer, Daniel Gold, Angela Meraz, et al. Do Employee Health Management Programs Work〔J〕. The Art of Health Promotion, 2009（04）：pp. 1－9.

3)　朱必祥・朱妍（2013）「基于人力資本投資視角的員工健康管理問題初探」〔J〕.『南京理工大学大学学報』（社会科学版）2013.⑽：p. 37.

4)　Hiswåls Anne-Sofie, Hamrin Cornelia Wulff, Vidman Åsa, Macassa Gloria. Corporate social responsibility and external stakeholders' health and wellbeing：A viewpoint〔J〕. Journal of public health research, 2020, 9⑴.

5)　Farooq O, Rupp D E, Farooq M. The multiple pathways through which internal and external corporate social responsibility influence organizational identification and multifoci outcomes：The moderating role of cultural and social orientations〔J〕. Academy of Management Journal, 2017, 60⑶：pp. 954－985.

6)　徐櫻月（2021）「企業員工健康管理研究初探」〔J〕.『現代商業』2021.⑵：p. 59。

7)　Schultz T W. Investment in human capital〔J〕. The American Economic Review, 1961, 51⑴：pp. 1－17.

8)　Selma. J. Muskin 1962, Health as an investment〔J〕. Journal of Political Economics, Vol. 70：pp. 129－157.

9)　Becker G S. Investment in human capital：A theoretical analysis〔J〕. The Journal of Political Economy, 1962, 70⑸：pp. 9－49.

10)　Neil S. Austi. Integerating Health and Productivity Management Stategies〔C〕. Society of Actuaries Health Spring Meeting 35th, June, 2006.

11)　Ronald Loeppke Michael Taitel etc. Health and Productivity as as A Business Strategy〔J〕. Joumal of Occupation and Environment Medicine 2007, 12. pp. 1299－1300.

12)　仇雨臨・孫樹菡（2001）『医療保険』中国人民大学出版社，p. 164。

13)　徐櫻月（2021）「企業員工健康管理研究初探」『現代商業』，p. 58。

14)　美世達信員工福利「2020美世中国企業健康管理白書」，https://www.sohu.com/a/482633839_1211010032020. 9

15)　智聯招聘，微医「2019年職場人健康力報告」，2019. 7，https://wenku.so.com/d/b4a2753a37a0c09c566e6566cffcfa7c.

16) 邝傑（2021）「新冠疫情背景下員工健康管理研究探析」『現代商業』2021.10：p.77

（主要参考文献）
（英語文献）

Becker G S. Investment in human capital：A theoretical analysis [J]. The Journal of Political Economy, 1962, 70(5)：pp. 9 – 49.

Farooq O, Rupp D E, Farooq M. The multiple pathways through which internal and external corporate social responsibility influence organizational identification and multifoci outcomes：The moderating role of cultural and social orientations [J]. Academy of Management Journal, 2017, 60(3)：pp. 954 – 985.

Hiswåls Anne-Sofie, Hamrin Cornelia Wulff, Vidman Åsa, Macassa Gloria. Corporate social responsibility and external stakeholders' health and wellbeing：A viewpoint [J]. Journal of public health research, 2020, 9(1)

Neil S. Austi. Integerating Health and Productivity Management Stategies [C]. Society of Actuaries Health Spring Meeting 35th, June, 2006.

Richard Wolfe, Donald Parker, Nancy Napier. Employee Health Management and Organizational Performance [J]. The Journal of Applied Behavioral Science, 1994, 30：pp. 22 – 42.

Ronald Loeppke Michael Taitel etc. Health and Productivity as as A Business Strategy [J]. Joumal of Occupation and Environment Medicine 2007, 12. pp. 1299 – 1300

Schultz T W. Investment in human capital [J]. The American Economic Review, 1961, 51 (1)：pp. 1 – 17.

Seth Serxer, Daniel Gold, Angela Meraz, et al. Do Employee Health Management Programs Work [J]. The Art of Health Promotion, 2009（04）：pp. 1 – 9.

Selma. J. Muskin 1962, Health as an investment [J]. Journal of Political Economics, Vol. 70：pp. 129 – 157.

（中国語文献）

陳君石・黄建始（2007） 『健康管理師』［M］.中国協和医科大学出版社

仇雨臨・孫樹菌（2001） 『医療保険』［M］.中国人民大学出版社

邝傑（2021）「新冠疫情背景下員工健康管理研究探析」『現代商業』2021.10

美世達信員工福利「2020美世中国企業健康管理白書」［R］. https://www.sohu.com/a/482633839_1211010032020.9

王永福・宋亦氷（2021）「企業員工健康管理模式及安例分析」［M］.『企業改革与管理』2021.(2)

徐櫻月（2021）「企業員工健康管理研究初探」［J］.『現代商業』2021.(2)

閻世平（2014）『人力資源管理』［M］.機械工業出版社.

英派斯（2020）「中国企業員工健康管理白皮書」［R］. https://b.eqxiu.com/s/O 5 WlKIEE?bt=yxy&eqrcode＝1. 2020.9

智聯招聘，微医「2019年職場人健康力告」. 2019. 7　https://wenku.so.com/d/b4a2753a3
　　7a0c09c566e6566cffcfa7c
鍾亜芳（2009）「美国企業員工健康管理研究与啓示」［J］.『企業活力』2009.⑿
朱必祥・朱妍（2013）「基于人力資本投資視角的員工健康管理問題初探」［J］.『南京理
　　工大学大学学報』（社会科学版）2013.⑽

　（日本語文献）
日本総合研究所（2021）「デジタルで変容する米国の「The Healthy Company」〜日米
　　健康経営の比較から考察するわが国の課題〜」［R］. 2021. 9。

（韓永哲・董光哲）

『DXと人的資本』から何を学ぶか

　情報革命は生産力と生産性を飛躍的に発展させ，人的資本経営への関心を呼び寄せている。一方で，雇用問題，格差問題や貧困問題なども生み出している。本書はなぜ人的資本が重要か，どのようにして企業価値の向上に寄与するか，そしてどのように人的資本経営を展開するか，さらには情報革命による負の側面をどのように対応するかについて，実務家，経営者そして研究者がそれぞれの立場から下記の対策を提案した。

① 　人的資本に関する情報そして企業戦略，企業価値向上との関係性を明確にすること
② 　企業価値向上に有効なパーパスの組織浸透度，パーパスの従業員ごと化を説明するためにアウトカム指標の測定，インパクトパス（インパクトが波及する経路）の明確化
③ 　労働者を守るために，交渉できる組織を作り，事故が起こった時に保障できるような制度作り
④ 　人への投資がリスクマネジメントにもつながるため，本部業務においても適切な人員を確保するとともにDXを推進させること
⑤ 　経営者にはDX推進に対応していくために，一挙にジョブ型に全面移行することではなく，現状を分析した上段階的に進めるとともに，働き手には自らの専門性，市場価値を向上させること
⑥ 　非財務的情報が統合報告書における事業内容や連結財務諸表にどのような

161

重要な影響を与えたか，与える可能性があるかを明確にすること
⑦　人的資本を形成する戦略と組織体制を整えること，目標を設定し実行し，従業員の意欲を高めるためのサイクルの考案
⑧　日本版ベネフィットコーポレーションを展開するための制度づくり
⑨　従来のメンバーシップ型のメリットを活かしながら部分的にジョブ型を採用する形式をとるか，メンバーシップ型雇用の矛盾点を企業独自で解決してオリジナルな雇用制度の設計
⑩　中国において企業内で健康管理に携わる者の専門性の向上，そして従業員の健康を維持・増進するためには企業だけでなく，政府や地域社会との連携が必要であること

　本書は以上の10の対策を提案した。とりわけ，人的資本に関する情報開示と企業価値向上の関係性，デジタル化が働き方に及ぼす影響，雇用システム，そして従業員ヘルスケアに重きをおいて，それらに係る諸問題を分析し，対策を提案した。また，自社の事業と社会との関係性を重視したパーパス経営を取り入れる企業が増えている一方で，利益を追求するばかりでなく，環境問題などの社会課題に取り組み社会貢献を果たすという新たな企業形態である公益会社も現れた。本書では公益会社の導入に際しての課題についても分析し，方策を提案した。

　このように，本書は人的資本に関する理論的整理，現状の把握と課題の分析を行っている。したがって，学生のみならず企業経営者，実務家にも広く読んでいただき，これからの人的資本に係る新たな理論，実務の発見・発展に少しでも寄与することが出来たら幸いである。

事 項 索 引

執筆者紹介・担当章

境　　睦（さかい　むつみ）　桜美林大学教授　　　　　　　　　　　　　　　　第1章

熊沢　拓（くまざわ　たく）　(株)ソーシャルインパクト・リサーチ代表パートナー　第2章

小野　治（おの　おさむ）　明治大学名誉教授，高速画像処理技術研究所所長　　第3章

坂本　恒夫（さかもと　つねお）　明治大学名誉教授，桜美林大学特別招聘教授　　第4章

鳥居　陽介（とりい　ようすけ）　明治大学専任講師　　　　　　　　　　　　　第5章

倉田　哲郎（くらた　てつろう）　倉田国際労務管理事務所所長　　　　　　　　第6章

三和裕美子（みわゆみこ）　明治大学教授　　　　　　　　　　　　　　　　　第7章

徐　玉琴（じょ　ぎょくきん）　目白大学短期大学部専任講師　　　　　　　　　序章，第8章
終章

菅井　徹郎（すがい　てつお）　オフィスコモン代表　　　　　　　　　　　　　第9章

坂田　淳一（さかた　じゅんいち）　桜美林大学教授　　　　　　　　　　　　　第10章

韓　永哲（かん　えいてつ）　中国浙江省越秀外国語学院専任講師　　　　　　　第11章

董　光哲（とう　こうてつ）　桜美林大学教授　　　　　　　　　　　　　　　　第11章

〔編著者紹介〕

境 　　睦（さかい　むつみ）
桜美林大学大学院　国際学術研究科教授　経営学博士。
専門は企業金融論，イノベーション論。
日本労働科学学会副会長，「DXと働き方―人的資本と企業価値創造―」
研究会プロジェクトリーダー，日本中小企業・ベンチャービジネスコン
ソーシアム副会長。
単著『日本の戦略的経営者報酬制度』（日本財務管理学会・学会賞（著者
の部））中央経済社，2019年。

鳥居 陽介（とりい　ようすけ）
明治大学専任講師，経営学博士。
専門は財務管理論。
日本中小企業・ベンチャービジネスコンソーシアム会長，証券経済学会幹
事，日本経営財務研究学会・日本経済会計学会・日本経営学会会員。
単著『株式所有構造の変遷と経営財務』中央経済社，2017年。
共著『経営力と経営分析』税務経理協会，2017年。『新ベンチャービジネ
ス論』税務経理協会，2020年。『テキスト財務管理論（第6版）』中央経済
社，2022年。『中小企業のSDGs』中央経済社，2022年。

徐 　　玉琴（じょ　ぎょくきん）
目白大学短期大学部専任講師，経営学博士。
専門は財務管理論，知的財産経営論。
日本中小企業・ベンチャービジネスコンソーシアム理事，日本労働科学学
会幹事，日本経営学会・証券経済学会・日本経営財務研究学会会員。
共著『テキスト現代企業論（第4版）』同文舘出版，2015年。『経営力と経
営分析』税務経理協会，2017年。『テキスト財務管理論（第6版）』中央経
済社，2022年。『中小企業のSDGs』中央経済社，2022年。

DXと人的資本

2023年4月25日 初版発行

編著者	境	睦
	鳥居	陽介
	徐	玉琴
発行者	大坪	克行
発行所	株式会社税務経理協会	

〒161-0033東京都新宿区下落合1丁目1番3号
http://www.zeikei.co.jp
03-6304-0505

印　刷　光栄印刷株式会社

製　本　牧製本印刷株式会社

 本書についての
ご意見・ご感想はコチラ

http://www.zeikei.co.jp/contact/

ISBN 978-4-419-06928-5　C3034